FENGYUN HUIGUAN

风云会馆

◎刘成虎 林 平 编著

山西出版传媒集团
山西经济出版社

折多山口
茶马古道必经之路
西南古商道的历史见证

天堂草原
陆上丝路最美风景
西北边陲商贸交流水乳交融

执着行走

从未想过出书，源于对前辈先贤的尊重和对故土文化的景仰，不希望因为我们的鲁莽和冒失，消费复兴时代中国人的宝贵时间，直到有一天，历时四年拍摄的大型文化纪录片《风云会馆》终于杀青，如释重负，百感交集；直到有一天，内心积郁了太多省思感言如火山迸发，灿然释放。

看过美国女作家谢丽尔·斯特雷德的《走出荒野》，体悟到一个人是如何在艰难困苦孤独旅途中，完成灵魂洗礼，心灵救赎的，仿佛地球另一端这个白种女人神秘地与我们遥相呼应。于是，两千多个日夜的执着坚持，苦苦行走；五万余公里漫长旅途，陆海穿行；两万张历史文献图片，珍贵影像；六百小时视频素材，写实记录；两百余万字理论文献，历史资料。猜疑、冷漠和不理解，死亡、艰险和不放弃，穿越于过去和现在，古道、古镇、古村，大海、雪山、戈壁，城市、家园、人群。品味逝去的历史，重拾曾经的辉煌。希望在焦灼不安的纠结中，回归淡定从容和平静；希望冲破铜臭暧昧的交易，重放鲜花馨香和真实的爱情；希望在城市钢铁森林和漠然人群中，看到信仰在微笑，文明在延续；希望在身心合一、执着行走里，找到思想故土精神家园。

我是个愚笨之人，几年时间只是在固执地做一件事。我不想再去回忆投资人之殇，制片主任历险，拍摄途中爆胎，商业欺骗和逐利自私等噩梦般的经历。但几年的中国地理跨越、几百年的历史风尘穿行，收获的不仅仅是部影视作品，更多的是静心潜思、砥砺痛悟后返璞归真的反刍和继承。

我们需要弄清楚，一个耗时一百三十六年建设完成的会馆背后究竟隐藏着什么样的故事和人生？一对在外经商离散多年的夫妻是怎样奇迹般地在新婚洞房意外相遇？一张尘封近百年的汇票，票号能信守承诺兑现银两吗？违反商规的行商为何用罚戏来惩戒呢？为什么声震华夏、盛名辉煌的晋商、徽商竟会轰然倒下？宗庙、戏台建筑这些传统文化元素是怎样与会馆奇妙融合？那些凝重肃穆的石牌坊群又透出多少古代妇女凄苦隐忍的悲情呢？为什么历史上把沿海闽、粤商人称为"亦盗亦商"？挑着货郎担小本经营起家，走出一群巨商鸿儒的又是哪支商帮？凡此种种，有太多的疑问和谜团等待解开。

曾有人说："会馆是移动的故乡。"的确，在四年多的探寻和追忆记录中，我们彻悟到"读万卷书，更要行万里路"的感慨，也在古商道的岁月穿行中完成了一次对中国传统文化和商业文明的心灵沐浴，更重要的是用生命和时间找寻古人的智慧和前人的信仰，在我们现代人失忆健忘的世界里，重新升腾起民族复兴的本源和灵光。

所以，让我们换个角度观瞻历史，努力跳出用身体思想的樊篱。让我们摘下面具去相爱，解开镣铐去跳舞，实现语言和灵魂的真正统一。正如古人所言："大象无形，大音稀声。"人总是要以修行的心态坚持独行，不要祈望所有人理解你内心深埋的那粒执着向上顽强呼吸的生命种子。因为没有谁能真正阻挡你栉风沐雨、自由前行的脚步，我们只能自己拯救自己。

温故知新，识古鉴今。无论我们坚持还是放弃，痛苦还是幸福；无论我们真爱还是游戏，富足还是贫穷，太阳依旧会从东方升起，日子仍然会寻常过去。

品读历史，发现历史，记录历史，享受历史，活在历史中。

也许，每个离乡的中国人都藏着一个小小的梦想，从古至今，概莫如此。河西走廊，张库大道；京杭运河，徽杭古道；西南边疆，茶马古道；鸡鸣古港，万里海疆。几千年的奋斗抗争，坚忍不拔，走来了一个村落、一个家族、一个民族期许改变，渴求幸福的浩荡身影。

会馆是家，是文化集成，是精神故土，也是部浓缩的历史。走进去，触碰的不仅仅是岁月斑驳的沧桑记忆，还有物是人非。花影移步中，依稀听到的是一句乡音、一曲乡戏、一缕乡愁、一段乡情。在泪眼迷离、百味杂陈背后隐藏着一个个发黄的故事，陈得拾不起，浓得化不开……

2014 年 6 月于北京

回望历史，我们不得不感叹古代商人壮怀激烈、可歌可泣史诗般的寻财之路，他们告别哀怨缠绵的故土和儿女之情，走西口，下南洋，闯关东，心怀"天下一家，信义为本"的新观念，开创了前无古人的商业奇迹，留下了许多商界美谈，也造就了一批精美的会馆建筑及其会馆文化。

会馆是中国古代城镇中一种独特的公共建筑，是同乡人在异地建立的一种有组织的社会团体。其同祠堂一起被称为中国具有特殊功能和特殊性格的两类古建筑，其形制和艺术表现都具有强烈的地方性和民俗性。

无论古今，人与人是要交流的，行业内部更是需要交流。会馆就是一个流动的"文化站"，是商人为了促进交流而产生的，它体现和传播了地域文化，促进了技术与文化的发展和共融，山西的汾酒就是被依托会馆发展的晋商传到了山东、甘肃、东北等地，才慢慢地久负盛名起来。因此会馆所蕴含的交流与共荣的潜质也是现代商业组织所应该遵循的。

"会馆之设，所以答神庥，睦乡谊也"，会馆可以联乡情，笃乡谊，方便仕商驻足和货运。由于共同的语言、生活方式、趋近的心理文化，同地域的商人在一起聚会议事，沟通信息，以维护集团利益，还经常欢聚庆典，演戏娱乐。

关于会馆的产生没有确切的年代可考，刘侗、于奕正在《帝京景物略》中记载："尝考会馆之设于都中，古未有也，始嘉(靖)隆(庆)间。"何炳棣在《中国会馆史》中曾提及会馆在京师出现的应该更早，现存史料中可溯至永乐年间，较其他学者认为的产生时间要早一百四十年。京师郡邑会馆最初是同乡仕宦公余聚会之所，逐渐演变成试馆，这其中也有大量同乡商人往来其间。而京师以外的会馆地域性和商业性更浓，但也往往有仕宦参加的痕迹，之后会馆的商业性质越来越浓厚。这也体现了中国古代商业中官商结合的特征。

彭泽益在《中国工商行会史料集》中写道："会馆公所之设立，果起于何时乎？今难知其确据，然设立之初，不外保商务谋公益为目的。夫以清国之大，南北东西，言语不同，风俗各异，且古来客商，以交通不便之故，羁留于他乡数十年而不返者，比比皆是。然人人都各安其业，各得其所，非籍会馆，公所以为保护，能如是乎？故有会馆、公所，不独免异地人民逼迫之苦，又鲜官吏压制之忧，然则会馆公所之利益，诚非浅显也。"虽然会馆产生的确切时间难以考究，但会馆出现的原因及其产生的作用是可见的。共同的地域文化、交通不便、官吏的压制、土著的逼迫等等，促使地域商人以会馆的形式组织起来，共同维护商业利益。

有清一代，会馆的发展如雨后春笋，其不仅在京师大量出现，在全国各地的商业市镇都有会馆的存在。清人董桂敷在《汉口紫阳书院志略》中记述："汉镇为仕商辐辏重地，各省皆集庙貌，以名会馆"。郑丰稔编纂的《龙岩县志》记载："本邑行商几遍全国，清乾、嘉以来，凡商于大河南北者均有会馆之建筑与设备。洪、杨乱后，群向南洋发展，而内地商业日就衰替。" 清代会馆的演变与商业兴衰的轨迹是一致的。

风云会馆
目录

雄关漫道
商路坎坷
嘉峪关见证了
太多历史沧桑、悲欢离合
风沙吹不走追梦的脚步
日月铭记着强强的民族

关于会馆的产生没有确切的年代可考，刘侗、于奕正在《帝京景物略》中记载："尝考会馆之设于都中，古未有也，始嘉（靖）隆（庆）间。"何炳棣在《中国会馆史》中曾提及会馆在京师出现的应该更早，现存史料中可溯至永乐年间，较其他学者认为的产生时间要早一百四十年。而京师郡邑会馆最初是同乡仕宦公余聚会之所，逐渐演变成试馆，这其中也有大量同乡商人往来其间。京师以外的会馆地域性和商业性相比而言更加浓厚，但也往往有仕宦参加的痕迹。之后随着会馆演变，其商业性质越来越浓。这也体现了中国古代商业中官商结合的特征。

风云会馆

千间广厦群回廊
于今庙貌壮行商

一、会馆悠悠历春秋

会馆是寓居外地的同籍人士设置的一种社会经济组织。按照性质划分，会馆主要包括士人会馆、移民会馆、商业和手工业会馆三大类别。早期出现的会馆多为士人会馆，是官员们为在同乡中实现互助互卫的目的而设立。在清代，士人会馆与商业会馆已经有明确的分工，大量会馆专为士人而建，甚至直接称为同乡试馆，建立的目的就是为参加科举考试的士人服务。在入住条件上士人会馆常有明确规定，拒绝接纳商人入住，即便是商人参与投资管理的，也会对商人的入住做出明确限制。如乾隆六年（1741）所建北京歙县会馆的《会馆公议条规》第一条就规定，会馆创立之意专为公车以及应试京兆而设，其贸易客商自有行寓，不得于会馆居住以及停顿货物。北京湖南会馆也规定，工商医卜星相之人不能居住。各省在京建立的会馆主要为士人会馆，商业性会馆仅占12%左右，而京城之外各商镇会馆的商业性质则非常明显。

商业会馆又可划分为地域性商帮会馆和行业会馆。地域性是会馆的最基本特征，大多数会馆都是地域性的，只有极少数完全突破地域限制，成为行业组织。而超地域的行业组织，大多是以公所或同业公

会的形式出现的。手工业会馆主要为地域性的手工业者所构成，其数量很少，而且常常与商业会馆混合在一起，是工商合一的，如山西颜料会馆既是手工业行会，又是商帮会馆。

会馆通常以籍贯进行划分，如全晋会馆、江西会馆、山东会馆、泉漳会馆、徽宁会馆、广肇会馆、洞庭东山会馆、宁波会馆、芜湖会馆、安徽歙县会馆、山陕会馆等。按照地域范围，会馆有省级、府级和县级几个层次，也有数省、数府和几个县联合的，同时也有一些乡馆。跨省会馆的数量较少，只有山陕甘会馆、三江会馆（江苏、安徽、江西）、云贵会馆、山陕会馆、两广会馆、湖广会馆、闽粤会馆等几个商帮的联合会馆。会馆中以县级会馆最多，省级和府级数量则相对较少。在京师，省级和府级会馆多为同乡试馆，而县级会馆中虽然也有一些士人会馆，但大多是工商业会馆。在京师以外的地区，

◆北京湖广会馆

◆ 河南洛阳潞泽会馆

各层级的会馆大都具有商业性质。会馆的称谓也不统一，并且常常带有地方文化色彩或宗教色彩，如山西会馆多称关帝庙，陕西会馆称三元庙，江西称万寿宫，福建称天后宫，广东称岭南会馆，安徽称太平会馆或书院等，常常是庙、祠和馆合而为一。

商业会馆在清代分布非常广泛，主要集中在京城、上海、汉口、洛阳、开封、广州、杭州、苏州、长沙等都市或商业重镇，但在极为偏僻的思茅、蒙自、龙州、台南，甚至海南的儋州市，也都有他省他郡客商所建的会馆。

原中国画学研究会的陈少梅彼时寓居北京湖南会馆。会馆坐西朝东，高高的石阶，朱漆的大门，门首左右有石狮一对，很有些轩昂的气势。走进大门，逐级而下，经一座长方形天井，过垂花门，即到了东院，庭院宽敞，厅舍轩朗。南房壁上嵌有北

宋苏东坡书《明州阿育王广利寺宸奎阁碑》，为光绪十年长沙徐树钧重摹镌刻的。会馆西院有戏楼，雕梁画栋，相当讲究；坐北一座两层小楼，即是文昌阁了，据说旧时供奉有文昌帝君。文昌帝君为主宰功名、禄位之神，多为读书人所崇祀。

◆ 内蒙古多伦山西会馆

那时，少梅的父亲陈梅生老先生是会馆里极受尊崇的人物。陈梅生讳嘉言，为清末翰林院编修，是民国首届议员，文名闻于南北。他须髯飘飘，慈眉善目，人极开明。他曾说：湖南有一些青年，抱负非凡，办事极干练。当地传说，有人见到衡山上走麒麟，湖南要出大人物了。此说虽不足取，但观这些青年办事，湖南肯定会出栋梁之材。他指着文昌阁说：有个毛润之，前几

◆ 山东聊城山陕会馆

7

　　明清年间，辛勤经商的山西商人在商迹所在之处，捐资联合，共同建设了很多山西会馆。这些会馆中，有的叫山西会馆，有的发展为山陕会馆，有的成为山陕甘会馆，还有的叫秦晋会馆、西晋会馆、全晋会馆等等。据专家考证，从1656年到1888年，晋商建在全国各地的山西会馆有500余座之多。晋商正是以这些会馆为依托，拜关公崇忠义，团结乡人联合发展，缔造了晋商商业帝国。如今，保护相对完好的晋商会馆尚存世50余座，其中大多数已成为国家级重点保护文物。

◆海南万宁潮州会馆

年在这楼上住过，还与他商借他主持的衡阳书院和经费办自修大学，他都欣然答应了。后来才知道，这位毛润之就是以后成为伟大领袖的毛泽东。

清代中期以后，各地商人纷纷在山东建立会馆，如在烟台设立的有潮州会馆、福建会馆、直隶会馆；峄县台儿庄建有福建商人供奉的天后圣母宫；济宁南门外有江宁商人设立的元宁会馆，浙江绍兴商人设立的浙绍公仁堂等；在济南先后建有湖广会馆、浙闽会馆、中州会馆、山陕会馆、安徽会馆、福德会馆；在青岛则有山东、直隶商人合建的齐燕会馆，广东商人建立的广东会馆，由苏、皖、江、浙四帮商号组织的三江会馆等。

广东佛山，自雍正以来共建会馆16所。佛山忠义乡，地缘可以确定的会馆中，计有莲峰、山陕、楚南、楚北、琼花（琼州）、山陕福地、潮蓝行、江西等会馆。

在风景秀丽的宁江河西畔，坐落着一座具有两百多年历史的建筑——两海会馆（又称潮州会馆）。作为广东省文物保护单位、兴宁市爱国主义教育基地，当年任黄埔军校政治部主任的周恩来，就曾在此留下深深足迹。

1925年3月19日至20日，蒋介石、周恩来率领三千多兵力击败了在兴城附近集结万余兵力的林虎逆军，这就是威震全国的兴宁大捷。战斗最激烈的地方就在两海会馆附近的神光山和南济桥！当时，兴宁县农民运动协会、兴宁农民运动讲习班都设在两海会馆。当兴宁县农民运动领导人卢惊涛、赖颂祺和农民运动讲习班学员赖志尧、赖志彬等20多名骨干得知东征军要攻打兴宁的消息时，便分头去组织农民为东征军引路，侦察敌情，张贴标语，抬担架，运送弹药，烧火做饭，慰问将士。据当时参与引路的卢招彬老人回忆，东征军指挥部开始时设在五里村。随着战斗胜利，指挥部移到两海会馆。智勇双全的东征军得到人民的支持，如虎添翼，英勇无比，所向披靡。

在苏州及附近各府，各地商帮建立的会馆众多。福建八府商人在苏州都建有会馆，其中福建

◆天津广东会馆

11

◆甘肃张掖山西会馆

三山会馆建于明万历年间，清康熙三十六年（1697）又建漳州会馆，乾隆二十二年（1757）增建，乾隆五十年（1785）建邵武会馆，乾隆五十六年（1791）建汀州会馆，当时"贸迁有无，遨游于斯者不下数千百人"。兴化府的兴安会馆、泉州府的温陵会馆皆建于康熙年间，延平、建宁两府的延建会馆则创始于清雍正十一年（1733），落成于清乾隆九年（1744）。清雍正时，苏州织造胡凤翚感叹说"阊门南濠一带客商辐辏，大半福建之民，

黄陂会馆，位于今汉口自治街31号，地处僻静，这里曾是中共五大会议所在地。为了防备反动派突然袭击，中共五大是秘密召开的。开幕式后，代表们就迅速离开了会场，两天后，会议在汉口黄陂会馆继续召开。

小贴士

天津山西会馆由山西旅津同乡会管理。当时在天津锅店街开设"永信蔚油漆颜料庄"的汾阳人蔚官年担任山西旅津同乡会的会长。他委托王二爷（名不详）负责日常工作，如向各家商铺、住户收房屋租金，对会馆建筑的维修管理，每月的初一、十五给关圣帝上供品、烧香等工作。当时占用会馆房屋的情况是：临街的门面有德元裕颜料庄、宏记颜料庄、同泰祥磁瓷店三家。会馆内有永胜和油漆颜料庄占用戏楼，恒昌号德记绸缎庄占用关圣殿院的东西配殿。以上店铺除同泰祥磁瓷店是外省人员，其余四家店铺人员都是山西汾阳人。还有赵硕安医务所占用接待室，主要是给旅居天津的汾阳乡亲们看病。再有山西旅津同乡会、天津市油漆颜料公会占用二号院，其余三、四、六号院全是住户，其中汾阳人占一半。

几及万有余人"。清顺治时，山东商人在苏州毛家桥西建东齐会馆，苏州附近的盛泽镇上也有济宁商人建立的任城会馆和胶东商人建立的济东会馆。在苏州（不包括县镇），清代共有会馆46所，其中建于明代的有3所（岭南会馆、三山会馆、东官会馆），建于康熙时的有12所，建于雍正时的有1所，乾隆时16所，嘉庆时2所，清后期10所，年

代不详者 2 所。

在上海，清代会馆共 39 所，建于康熙时 1 所，乾隆时 3 所，嘉庆时 1 所，道光时 5 所，清后期 18 所，年代不详者 11 所。汉口数十个会馆公所，最早者创建于顺治，过半数皆建于清中叶以后。自康熙以来建立的会馆有 27 所，其中有 6 所又称公所。在湖北城乡由各地商人所设立的会馆有 50 余座。

地域性商业会馆的盛行与商帮的发展密切相关。京师是山西商人的重要活动之地，现存清嘉庆以前的会馆碑刻 32 处，其中晋商会馆就有 13 处。康熙年间，山西商帮在汉口建立山陕会馆；乾隆三十五年（1770），在苏州建立全晋会馆；乾隆四十五年（1780），在广东佛山建立山陕会馆。另外，在山东聊城建有山陕会馆，在山东馆陶县城西南、西安城西南 30 里的南馆陶镇、山东恩县北城外、泰安府东阿县城内等地都建有山西会馆，"凡盐、当以及铁货、布庄、杂货、钱店各生意"都归山西商人控制。陕西商帮多与晋商共同设立会馆，如山东聊城的山陕会馆、开封的山陕甘会馆、西宁的山陕会馆、广东佛山镇的山陕会馆、西货行会馆和山陕福地会馆等，均为两省商人所共建。其中现存的聊城山陕会馆，规模宏大，形成了包括山门、戏楼、左右夹楼、钟楼、鼓楼等在内的庞大建筑群。

◆ 四川自贡西秦会馆

◆浙江宁波安澜会馆

陕西商人独立设立的会馆也不少，如四川成都有陕西会馆2所，分别建于乾隆五十二年（1787）的县北三河场和嘉庆二年（1797）的县南陕西街。

其他如徽商、福建商、粤商、洞庭商、龙游商、宁波商等也都在经商之地，广设会馆，如龙岩行商几遍全国。乾嘉以来，凡商于大河南北者均有会馆之建筑与设备。会馆多以所涵盖的地区进行命名，也有一些按照所经营的行业命名，但行业会馆也是以地域和同乡为前提，兼具地缘和同行的双重性质。

二、会馆创设
与管理

会馆之创设多由同乡官绅或有名望的大商人倡议发起，商人、商号及同乡人共同筹捐，也有仕商合捐的。会馆的设立并不需要得到官府的批准，也不承担官府的课派。但为了在修建或重建过程中的施工方便，请求减免义冢的税收，当与他人产生纠纷时更好地保护其土地、房舍等财产，会馆在创设、购置土地、房舍时常常呈请地方官认可，并将地契和买入房屋契约等抄送官府备案。

会馆的运作需要经费支持，会馆的收入主要为捐款和租息收入两类，还有一些入会收入。捐款包括特殊捐款和常捐，特殊捐款也称为义捐、乐捐、喜捐，为自愿捐助，多发生在会馆创建或重修之时，包括房屋、田产、大宗款项及谷物等，构成了会馆的基本金。常捐也称抽厘、赋课金，具有较强的强制性，构成了会馆的常年经费。常捐的税率因各帮或会馆而不同，有按量抽取的，也有按值征收的，一般为货值的千分之一，也有千分之三四的。一般多按贸易簿据收取，也有其他形式的，如船行多按照船只大小分等级进行纳捐。

上海新建山东会馆时，南市公估局、广记、六吉等号，将存项输助三千金，怡顺昌、正祥同、公和通3家先分垫万余金，于地之西北两角，添购地 6 亩。复因隔绝马路，商之同仁堂董让地 5 分余，以通往来，统计旧基新址共 32 亩有余。同治十年（1871）潮州总兵方耀倡议在广州建立潮州八邑会馆，邀广州、香港两地潮商襄助，除捐助的银两外，并议决从香港、广州、佛山、汕头等地潮商进出口的货物中每千元抽取 1 元（后改为 4 元）作为会馆基金，5 年中总共得货捐银 5 万余两，其中香港的合兴行、元发行、乾泰隆行、得美行、一封航、广荣盛、富珍斋等 25 家潮商大户就交了 3 万余两，此外还垫借 1 万余两。会馆建成后设聚和堂，其管理权每年由 3 家香港潮商，1 家省城潮商轮值。光绪十五年（1889）所创建的芜湖广东会馆，由粤商米号筹资捐建，以在芜湖经商的广州、肇庆两府为

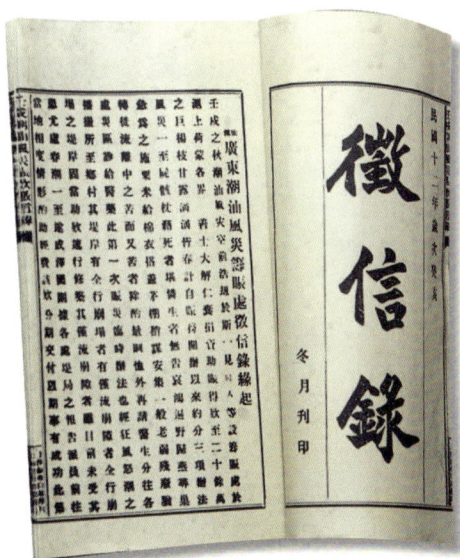

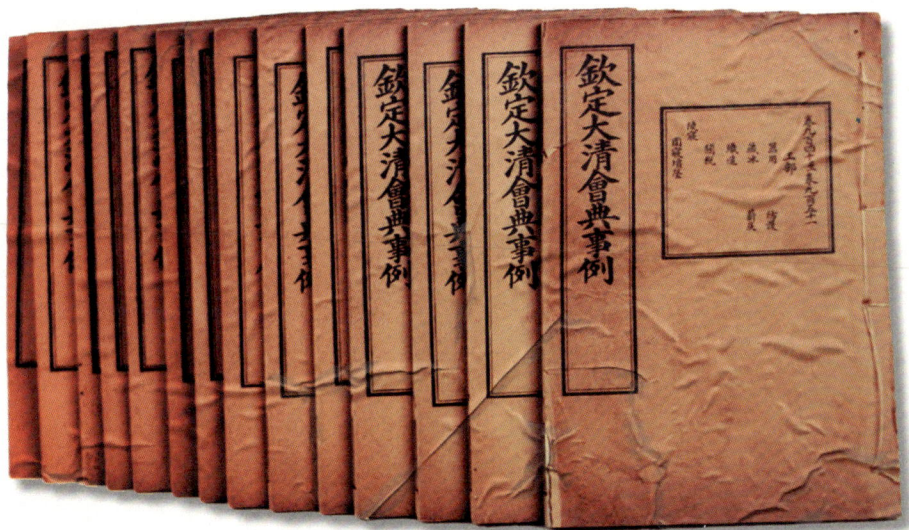

主，馆后续购洋楼一幢，为广东同乡会议之地，馆外余基，种植花木。经费除房租外，其余由各米号在售米项下抽银捐助。始创于道光二十一年（1841）的上海江西会馆，光绪二十年（1894）欲创修戏台，共费五千余元。然而商厘之收入，不足支持，于是上海道庐陵黄幼农，上海萍乡黄霭堂，

巨商唐泉伯、朱拱之、陈润夫、包晖章等，联络官商，采用捐厘并举之策为之周转。

天津闽粤会馆重整旧规规定，凡闽粤商船货物运于天津，所纳海关之税，征收原品 7 分 6 厘。而闽粤商人，以纳税半价，纳于会馆，即按海关银两计算，充春秋二祭之用。上海绍兴会馆规定卖大箱茶课 4 分，小箱课 1 分 5 厘。徽宁会馆要求"红茶每箱征 20 文，绿茶每箱征 12 文，关东茶自戊辰年起，每箱征钱 12 文，本堂收取茶厘，有徽宁思恭堂之图章，以为记号。凡领收捐款，若无此图章者，与堂无涉"。湘潭新开商号及改号添记，均缴帮费，茶陵州之西帮、衡帮、建帮除入会费外，每号抽厘，均凭贸易簿据，每千钱捐 1 文。古丈坪之江西帮，抽下河厘头作为万寿宫费用。

有些会馆还有其他名目的一些捐款，诸如一文捐、月捐、入堂捐等。一文捐是

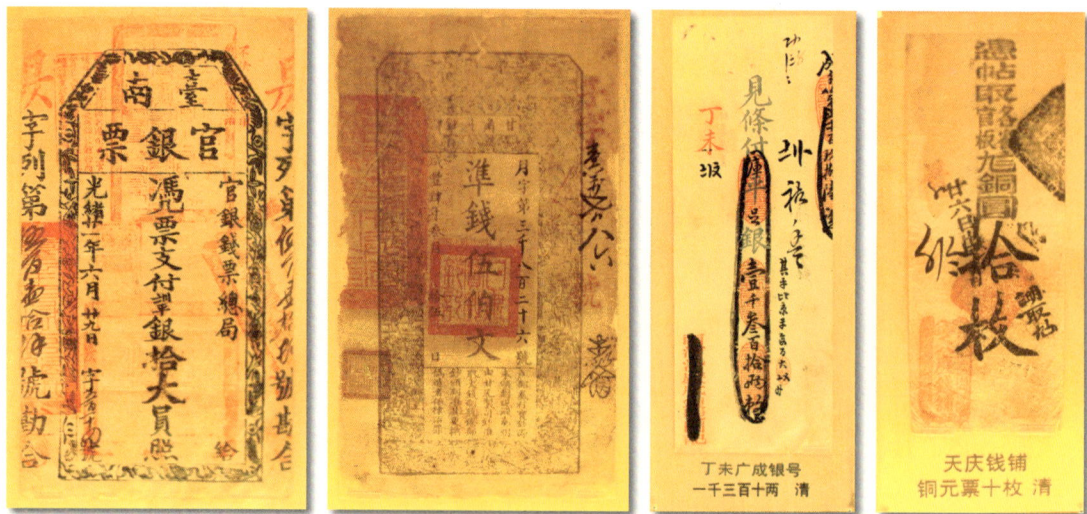

丁未广成银号
一千三百十两 清

天庆钱铺
铜元票十枚 清

一种按人头进行的捐款，因每日出钱 1 文，故名。每年每人约取 360 文，每个人都纳赋予会馆，甚为繁杂，因此由各帮代收或各会汇收，到年终统一交付于会馆。除妇女小儿外，都要缴纳此项，20 岁以上男子，无论贫富，均须义捐，其收入额也不少。如上海绍兴会馆，该项收入一年就有 6000 余元。月捐只限于同乡商店的伙计，也是按人头计算。如上海的宁波会馆、徽宁会馆、广肇会馆，都设有此捐。大伙计每月出一二千文，小伙计每月出二三百文。入堂捐为运棺柩于殡舍所纳的捐款，不过金额不多，只占会馆收入的一小部分。

会馆常常将自有土地、房屋出租以获取租金，其现金则存入钱庄、商号或借贷给会员获取利息收入。此外，一些临时经费的支出，如特别事件及慈善事业等，如果公款不足，则临时向各业派捐。

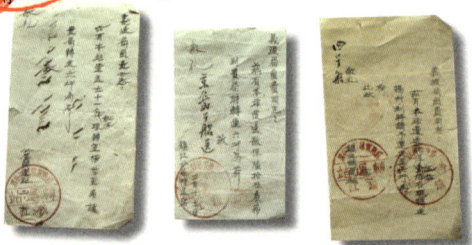

新来汉口贸易者，1年以内，必须加入会馆，如果入会延迟1月，会被处罚；仍然没有入会的商人，要尽快遵规约入会。一旦入会，就可享受很多业内权利，但同时也要承担相应的义务。会员一般都有选举和被选举的权利，经过选举参与会馆的管理，会馆成员可以使用会馆的一切事业设备，享受信息和会馆规定的商业权力，并介绍同乡商行入会。会员都有义务遵守会内规章、缴纳各项费用、维护会馆资产，并应本会馆之咨询及调查等，凡事需以会馆为中心，严格遵守会规。如果违反会规或者不履行应尽的义务，将会受到会馆的集体惩罚，包括罚戏以敬神、鸣众；罚酒席以服礼、赔罪；还有罚钱和货物的，多根据实际情况同时并罚，情节严重者还要移送官府查办。

会馆中的管理阶层各地不尽相同，并因会馆大小而有不同的设置。一般而言，从最高职员到工役多分为会首、司月、司事、杂役等几个层次。会馆中的最高职员

会馆是同籍商人的联合组织，故原则上，只要是同乡，不论其个人或商号，都具有入会的资格。但新会员入会需要有人举荐，并缴纳一定的入会费用，对于不同的人员、商号常有不同的缴纳标准。如京师颜料会馆规定，新开颜料铺局，必须知会当年会首，诚献仙翁庙香资银至少30两。汉口江西会馆也规定，凡新开店者，当出钱1串200文；新来汉口为店员者，当出入帮钱400文；自他帮雇人之徒弟，当出钱500文；徒弟入会者，当出钱500文；

汀州会馆，原位于苏州阊门外上塘街上津桥。据民国《吴县志》记载，清康熙五十七年（1718）由福建上杭县六串纸帮旅苏客商创建，又名鄞江天后宫。成丰年间毁于太平天国兵燹，同治三年（1864）上海建汀州会馆的创始人之一苏升自沪来苏清查会馆的损失，看到汀州会馆虽然被兵火烧毁，但砖石基础还在，于是立即禀请官府出示，将遗址先行保存起来。由于当时纸业生意衰落，纸商很少，所以暂时无力恢复会馆。到了光绪十三年（1887），始由上杭纸商与永定皮丝烟商共同捐资，陆续重建中厅、正殿、大门等建筑，直至宣统二年（1910）方全部完工。重建期间，因经费短缺，苏升之子苏绍柄还会同赖德卿、林仲卿、林子和、马赠漳诸人，自费前往杭州、南京、镇江、扬州、上海等处向同乡商人募捐。工程结束后，经办人将此次工程的各项收入开支镌刻上石，借以征信。所谓征信录，就是有关经手公益款项收支情况的报告书。把征信录刊布出来，其实就是办事公开透明化，既杜绝暗中滋生腐败，又征得公众的信任，这样下次办事就更加容易了。此后，汀州会馆就由上杭人与永定人共同管理，其中永定人组成永和会，由苏绍柄担任负责人。会馆在外共拥有20多处房屋与少量土地等不动产，每年所收租息，成为会馆经费来源之一，用于为同乡办事。同乡若生活遇到困难，可以借住在会馆内，供给吃穿；若遭遇变故无力安葬，也由会馆负责归葬义冢，永定人的义冢在观音山，上杭人的义冢位于狮子山。

是会首，也称为首士、客长、董首、馆长等。其职责主要包括：监督会馆的一般事务，如银钱的出入及善举的办理等；若会员间发生纠纷时，则为之和解仲裁；若会员违反规则，则依照条例或公议来加以处分；当需要与政府或其他团体交涉时，也由会首代表会馆出面。会馆会员与外界的争执，由会首出头谈判、诉讼，以整个会馆作为后盾。因会首职责重大，必须有财产及名望的人才有资格担任，并通过选举或由众商推举而产生，有的则由会馆创设时的发起人之一担任。又恐陷于寡头专制之弊，会首的任期大都为一年，也有三年的。

因按年轮任，会首有时也称为值年或值年会首。会馆事务繁杂，因此选任司月作为辅助。司月每月轮流辅佐会首处理会馆事务，因一年共12个月，故额数多定为12人。有的会馆还设独立的司年来辅助会首，按年进行轮值。会首、司年、司月一般为名誉职，不受薪，只按年由会馆支给一些车马费。

　　司事为会馆的实际常任管理者，多分为司账、庶务两职，司账管理会馆收支、会计和账目，庶务处理日常杂务。下有杂役、馆丁多人，其职责为日常扫除厅院，照管门户，检查什物，拦阻闲人，每夜晚去各厨房查看火烛，遇有疾风暴雨，逐处巡看，倘有漏，即报知值客勘修，他人到馆、出馆，均由该役报知，倘有违误及酗酒等事，立即斥逐另换。一些会馆的杂役也有明确的划分，分为支客、督龙、管厨、值殿、看门或把门等名目。支客又称知客，主要负责接待宾客；督龙管理消防事务，即当会馆失火时，督率水龙来救灭之；管厨为在大典祭祀及宴会之时，负责备办祭物、食物等件；值殿负责管理神殿

兰州市金塔巷78号，是一座建于清代的广东会馆。到今天为止，它已经静静地伫立了132年。这132年，它见证了清朝、民国和新中国成立——这些风起云涌、英雄辈出的年代，也见证了老兰州百年的风雨与沧桑。"小院东西宽约10米，南北长约15米。整个院落保存得基本完整，上房和下房框架完好。大门之后是一个屏风。广东会馆大门的门楼保存基本完整，上面的砖雕完好无损，门口的石鼓风化严重，只能看出一个大概的样子。"

的祭祀供物及清洁诸事；看门或把门在大典祭祀及宴会之时守卫大门。各会馆所用杂役人数不等，有一人而兼二事的，也有一事而用数人的，视事之繁简而定。司事和杂役的薪水，各会馆也不一样，没有统一的标准。如上海广肇会馆，司账每月40元，庶务每月30元；执业务者，每月4元至六七元；一般馆丁则无一定之俸，不过给以衣食之费。

◆河南社旗蔚盛长

会馆涵盖的地域范围越小，关系越趋紧密，而一些较大的省府馆则采取二级管理，按地域、行业再进行分治，下设帮、纲、堂、福、会等名目的组织，这些帮、纲有的是按地域划分，有的则按行业进行联合，并具有相对独立性。如汉口山陕会馆中就有太原帮、汾州帮、红茶帮、合荣帮、卷茶帮、闻喜帮、雅帮、花布帮、西药帮、土果帮、西油帮、陆陈帮、匹头帮、皮货帮、众帐帮、核桃帮、京卫帮、西烟帮、红花帮、当帮、皮货帮、汇票帮等二十几个帮。广东潮州的汀龙会馆则"依其里邑之所近"联络为纲，下设篓纸纲、龙岩纲、履泰纲、本立纲、福纸纲、九州纲、运河纲、武平纲、上杭纲、莲峰纲、永定纲、白沙纲等。会馆的董事（会首、司月等）原则上由各纲轮任，每年的开支包括节日的祭祀与演戏按比例也由各纲分担。但各纲中以纸业的势力最强，"篓纸纲为倡建会馆之首"，会馆建成后，二纸纲（篓纸、福纸）又负担了大约 2/3 的经费，因此其在会馆也最有权威。

◆宁波博物馆蜡像

小贴士

长沙苏州会馆，在长沙历史上，它算得上是第一会馆，也是唯一保留完整的会馆旧址。明清时长沙是座繁荣的商业城市，来自江浙一带的商人特别多，九芝堂股份有限公司前身（老九芝堂药铺）和老长沙人至今爱买来调味的玉和醋，都是江苏人于清顺治年间在长沙创立的品牌。董玉和的故事即源于此。随着苏州人的日益增多，为沟通商情讯息、协调商务、联络同乡、互助互爱，苏州人在清康熙年间，选址福胜街建下苏州会馆。它出现后，不仅是苏州人行业组织聚会的场所，还履行着管理行业秩序的职能。

三、同业会馆
与公所

清代的同业会馆、公所是工商业者自愿联合起来的团体，具有民间性的特点。清代同业性商人组织包括同业会馆、"社"、"行"与公所几个层次。

同业会馆虽仍以地缘乡土为基础，但同业组织的特点已经比较浓厚。有些同业会馆直接以所经营的行业进行命名，如广东佛山的参药行会馆、熟药行会馆、铁锅行会馆、当行会馆、金丝行会馆、槟榔行会馆、西货行会馆、铸友行会馆；京师的银号会馆、当业会馆、靛行会馆、金箔会馆、药行会馆、骆驼行会馆、长春玉行会馆；上海的商船会馆、木商会馆、茶业会馆、药业会馆、丝业会馆、沪北钱业会馆、沪南果桔三山会馆等。少数会馆则是以地域和行业共同命名，如苏州的"武林杭线会馆"。武林杭线会馆建于乾隆初，原包括线业、绸业、箔业，道光年间绸、箔业分立出去，就变成杭州商人专业性的杭线会馆了。有些会馆虽以地域命名，却为特定行业的商人所组成。如京师的平遥会馆，主要由颜料业（包括桐油）商人

所组成，嘉庆时则直接改名为颜料行会馆；河东会馆又名烟行会馆，晋翼会馆又名布商会馆，盂县会馆又名毡氆会馆。在苏州，冈州会馆又名扇子会馆，属葵扇行业，福建汀州会馆为汀州纸商所建，全晋会馆为山西钱商建，翼城会馆（老山西会馆）是

布商会馆，东越会馆是绍兴蜡烛商的会馆，毗陵会馆是常州猪商的会馆，钱江会馆是杭州绸缎商的会馆，大兴会馆是木业商人的会馆，宣州会馆是烟业商人的会馆。在汉口，怀庆会馆为河南怀庆府药材商人的会馆。还有一些地域性会馆也只涉及少量的几个相近行业，如京师的潞安会馆主要由山西潞安府经营铜、铁、锡、炭等矿产品的商人组成；平定会馆为平定县雨衣、线庄、染坊等商人组成。苏州的宁吴会馆主要由江宁铜、锡、硝、皮业的商人组成。行业会馆多奉祀行业神和各自的祖师爷，也带有宗教色彩，如药材会馆也称神农殿，酒馆行业称詹王殿，烘糕行业称玉清宫，财神殿则是钱铺、绸缎和杂货业等行业会馆的别称。

在北方地区的张家口、归化城、萨拉齐等地，存在一些类似于会馆的"社团"组织。这些社团有些是按地区进行划分的，如京都社（北京）、新疆社、忻州社（山西忻州）、太谷社（山西太谷）等，但多数是按行业进行组织的，相关商人和手工业者共同参与。

社团的名称有的以行业命名，如净发社、成衣社、生皮社等；有的以行业神命名，如马王社、鲁班社、金龙社等；有的以吉祥词语命名，如宝丰社、德胜社等；有的以团结义气命名，

◆江苏镇江布业公所

如义和社、公信社、集义社等。除供奉地域神外，各行奉祀各自的行业神，如牲畜行崇祀马王，酒饭行供李白、杜康，铁行供老君，纸行供蔡伦，理发行供罗祖，油漆裱糊行供吴道子，修鞋行供孙膑，肉行供张飞，银钱行供金龙四大天王等。

社团的组织分为单社和联社，单社是单一的行业组织，称为"小行"或"行"，独立活动，店主与伙计、师傅和徒弟一般都可以共同参加。联社是若干单社联合成一个联合体，有共同的会首与办事机构，管理共同的事务，称为"大行"。"小行"的会首称执事，一正一副，或一正二副，另有干事一名（俗称跑庙）处理会内事务。有的小行还置有"义地"，也叫"香粮地"，作为会内成员

① 风云际馆
千间广厦群回廊
于今庙貌壮行商

死亡后的公用墓地，也出租给当地农民，收取地租。社团收入除香粮地租外，还有各商号的捐助，金额按各号资本大小和业务情况而定。支出主要为看庙人员（和尚、道士）的生活费用及行会办事支出。这些资金在已收未支之前常存入商号、钱庄生息，财务公开。

"大行"会首一正一副，为大行的总管，由各"小行"会首轮流义务担任，其威信资格不是以个人能力来决定，而是由所在"小行"的地位决定。每年春季庙会，改选大行会首，任期一般为一年，如归化城的"大行"为十五社联的合体，清末改称商务公所，人们习惯上仍称为"大行"。"大行"在会首的领导下，还有若干办事人员，处理会内事务。

在会馆、社等商帮组织发展的同时，传统的由当地商户按行业组织的"行"（团行、铺行）也始终存在。在广州有著名的七十二行，如土丝行、洋庄丝行、花纱行、土布行、颜料行、估衣行等，不一定固定为72个，不同时期行业的内容和数量都有变化；重庆则有山货行、木行、船行、米行、靛行、糖行等，都是具有行业性的工商业组织。这些"行"多由本地一些大户（以坐贾为主）联合设立，一般没有固定的会所，没有常设办公机构。其设立大多需要官府审编、立案，行首多由官府加委，虽也制订行业条规和规范行业秩序、调停业内商人纠纷，但更多的是代官府征课税收，并监督市场。在清代，这些"行"常常与牙行统一在一起。鸦片战争后，许多"行"开始向公所转化，官方控制的色彩逐渐减弱，或者虽保持了原来的称谓，但已经具备公所的性质，如上海的生丝行、茶叶行等。

公所是城镇中的商人或手工业者设立的同行业组织，出现于清初，并在嘉庆后得到迅速发展。公所最初与行业性会馆的含义相似，在名称上也常常与会馆互用，如上海的四明公所也称宁波会馆或四明会馆；苏州的宣州公所也称宣州会馆，浙绍公所又称绍兴会馆，元宁公所又称元宁会馆，兰溪公所即兰溪会馆；乍浦的咸宁公所又称炭会馆；常州的洪都公所即洪都会馆；湖州四安镇的新安公所即新安会馆；南汇区新场镇的金陵公所即金陵会馆。虽然多数公所是以行业命名的，但也有一些是以地域命名的。如苏州的浙南公所（浙右公所）、江鲁公所、新安公所、浙绍公所、元宁公所、兰溪公所、浙台公所；上海的星江公所、三山公所、祝其公所等。当然这些公所都有其特定的经营行业。还有一些特定名称的公所，如

苏州的崇德公所（书坊业）、咏勤公所（洋货洋布）、丽泽公所（金箔业）、嘉凝公所（金线业）、巽正公所（木行商）、太和公所（药业公所）、安仁公所（寿衣业）等。与会馆类似，有些公所也称某某堂、某某帮或某某行，或者以供奉行业神的庙殿进行命名，如上海的豆业公所称萃秀堂、米业公所称嘉谷堂、南货公所称青泽堂、星江茶业公所称敦梓堂。

清代的公所主要集中在通商口岸和大城市，以上海、苏州最多。截至清末，明确称公所者，在苏州（包括昆山、吴江市）有 162 所，上海有 111 所。这些公所大体可分三种类型，即商人公所、手工业公所和前店后坊式的混合公所。在苏州，纯属贩卖性的商人公所，约占公所总数的 1/3；购买原料，经过加工成商品并由自己出售的公所即前店后坊的公所，约占总数的四成多；由手工业者或其他业者组成的公所约占总数的两成多。总体上，具有商业性质的公所约占总量的 3/4 以上，而具有手工业性质的

小贴士

上海徽宁会馆，又称思恭堂，为旅沪安徽徽州、宁国同乡会馆。清乾隆十九年（1754）建，以旅沪歙县商人为主，集资购进上海城小南门外民田 30 余亩（约 2 公顷），建立徽宁思恭堂，主要用于暂厝和埋葬客死在上海的徽宁二府人民。后由于小南门发展成为商市，经上海知县汪忠增批准，免税另征斜桥之地 29 亩 8 分（约 1.99 公顷）作为义冢，设立思恭堂两局。原思恭堂地分割出让。咸丰年间小刀会起义和太平军东进上海时，思恭堂建筑和坟地被破坏殆尽。同治八年（1869），安徽六安人涂宗瀛出任上海道，又得到上海茶业巨擘汪乾记茶行的资助，进行重建。光绪年以后，增建关帝殿、戏台、看楼等建筑。因朱熹为徽州婺源人，特建东厅供朱文公牌位。民国后，由于同乡观念淡薄，思恭堂占地面积逐渐缩小。新中国成立后解散，坟地先后填平改作他用。今徽宁路即以徽宁会馆而得名。

公所也占总量的 60% 左右。

公所之设立多为应对日益繁荣的同业事务，或者同业之间进行联合以便于与外商进行竞争。随着进一步的发展，公所逐渐成为全行业的同业组织，也称为同业公会。它们突破了地域（籍贯）界限，"无分轸域，内外市商，皆联为一体"，不仅将本地与外地商贾，而且将"会馆"和"行"融合为一体，有些公所还包含了牙行的职能。作为同业组织，有时一个行业在一地逐渐融合为一家公所或公会，之下再按照不同经营层次或地域分为多个帮、会、堂，按地域划分者，本省或本地多称本帮。如汉口茶叶公所下设六帮茶商，即广东、山西、湖南、湖北、江西、江南六省茶商，凡在汉口之茶商，均合为一家公所。有的分工比较粗，多个相近的行业共同组成一家公所，如江苏八业公所，包括了水作、锯木、石工、雕花、桶作、板箱、小木、铅皮等八个行业。

上海四明公所之下也按行业设会、帮，木业为长兴会也称材木帮，肉业为诚仁堂，渔业为同善会，竹业为同新会也称竹器帮，药业为药材帮，内河水轮业为永安会，马车漆业为同议胜会，钢铁机器业为永生会。有的则按照不同经营层次和行业的细分设立多家公所，苏州的丝绸业就有绸业、锦缎业、纱织业、湖绉业、织绒业、绣业、丝业、染丝业、金线业、杭线业、丝边业、贡带业、采绳业等十多个公所；服装业中有成衣业、估衣业、寿衣业、戏衣业、绒领业、瓜帽业、鞋业等七个公所；粮食业中则有米公所、宜稼公所、粟裕公所和五丰公所。

还有一些行业由多家公所和会馆共同协作，正在向更为统一的同业公会方向融合。如上海的杂粮业由八帮组成，会员包括行商与号商两类。行商包括萃秀堂的豆业即豆业公所，仁谷堂的米业（包括小麦杂粮）即米业公所，所内设立牙行，开行前须先经由公所董事呈报官府审批领发牙帖，经手居间业务取九九佣金，但对加入公所的客帮字号的交易不收佣金。号商为志成堂的汉口帮、暨远堂的镇江帮、慎守堂的广帮等27家号商，还有潮州会馆的汕头帮、泉漳会馆的厦门帮、三山会馆的福州帮，合起来即杂粮业的八帮。其分工为志成堂的汉口帮和暨远帮的镇江帮管来货，广帮、汕头帮、厦门帮、福州帮管去货，大宗居间业务归萃秀堂和仁谷堂，萃秀堂的营业范围远及关外东三省；仁谷堂的米业限于江南各县南北米的批发。因杂粮业八大帮所经营的都是大宗批发业务（自营及代理），经营本地零售或小批发业务的米店则不包括在内。因此上海还有米麦杂粮业公所（在朝宗路）、米业公所（在宝带门内）、汉帮粮食业公所（在穿心街），这些公所为从事小批发和零售的粮食店铺所归属。

公所虽为工商业者自发联合组成，但设立一般需要得到地方政府批准，与官府关系较会馆紧密。申请加入时需要提供店号、住址、执业情况、从业人数等信息，并缴纳注册费30两到50两。为限制同业竞争，有的公所规定新开业者必须经公所的同意即入帮，并规定新店与老店之间的间隔距离。公所的经费收支名目与会馆基本相同，作为同业的办公之所，公所一般不再提供住宿场所和仓库。公所内设有供奉神祇的殿堂，祭祀各行业的行业神，兴办慈善事业。

公所的管理层有的与会馆相同，有的则发生了一些变化。公所管理层多分为总董、正董、副董、议董、坐办、书记、账房和临时人员等层次，较会馆而言，

◆ 唐廷枢，香山籍，广肇公所的创始人之一，上海滩著名的买办。

◆ 徐润（1838—1911年），香山籍，著名实业家，广肇公所和同文书馆的创始人，兵部侍郎衔。

名称虽异，而职能相似。总董、正董管理所务，参订所规，稽核出纳；副董协助总董、正董，其有事不能到者，由副董代理；议董负责提议所规、协议所务，襄办公益，调查群情；坐办负责公所银钱出入，大额需经各董议决，管理一切杂物，并接洽各项公务；书记专司收发函牍誊记文件；账房专司平常用款出入，督率仆役，洒扫庭除，整洁厅室，分送函件。一般设总董、正董各一人，也有只设总董的，副董多人，按照需要而设。各董通过公举产生，任期两年，通过选举可连任一次。各董均为名义职，不领薪水。书记、账房和临时人员由总董聘任，酌给薪水。

公所按规定的时间间隔举行常会，如每月某日某点钟或每年某月某日某点，如有特殊事件召集临时会议，统发传单，约期集所，所议之件由总董或正副各董宣示，众会员进行辩驳，并投票决议。一经通过，将榜示或发传单告知同业各商，同业皆当遵行。凡遇同业平常龃龉等事，由"坐办"或相关职权人秉公调处，以息争端。有故意破坏公所规章及妨害公共业务行为，情节重大，有确凿证据者，经公所成员公议决议，呈请官厅处分。公所的规章和行规仍然体现在对规范度量衡、划一业务规程、统一货架、保证商品质量等方面，但其行业性更加突出、范围更广、垄断性更强、同业之间的关系更为紧密。如成立于乾隆四十一年（1776）的上海钱业公所，规定只有加入总公所的钱庄才允许发行庄票，进行同业之间的"汇划"清算，在晚清金融市场上具有非常重要的影响。

◆海南琼山会馆

都说"老上海",其实它一点儿也不老。明中叶之前只是个默默无闻的小渔村,由于长江沿岸七省出海口的地理优势以及清康熙时期清政府解除海禁政策的实施,上海才逐渐发展、经济繁荣,成为我国东南沿海的重要城镇和国际口岸。

黄埔江畔现在我们看到的更多是20世纪初,西方列强留下的西式高楼建筑,而中国传统风格的古建现存已寥寥无几。上海开埠前后,随着各地商人不断涌入,各地会馆、公所如雨后春笋。现存历史最早的会馆建筑是地处黄埔江边董家渡会馆街38号的商船会馆,而更多的潮州会馆、浙宁会馆、四明公所、浙绍公所、泉漳会馆和徽宁会馆等,我们只能从一幅名为《洋行街》的油画作品中找寻商业繁华和历史记忆了。上海开埠后,大量的移民商民进驻,各种公所、会馆大大小小、不一而足,一些洋商组织的外国商会也被吸引到这个"远东第一大都市",于是,不同地域商帮之间的文化碰撞与冲突不断显现,此时,会馆公所扮演的社会角色和责任日益凸现,它相当于社会中政府与民间的中介,制定出相对完善科学的管理机制和传统文化教化理念,化解了许多民间基层矛盾。它充当着移民群体保护者的角色,慰藉死者、保护生者,重视慈善公益事业。它担当着中国文化传播者的重任,无论建筑、戏曲、宗教等文化根脉,生生不息、代代传承。

外来文化的影响在这座城市可以说无处不在,时代的机遇让中外商人在黄埔江畔留下许多文化印记,而在上海方言中,江浙口音尤显突出,特别有趣的是那时最著名的"洋泾浜英语"就是宁波商人冯泽夫根据宁波方言注解英语,使用的一种"特殊英语"发音。而之于会馆公所,外国商会带来的建筑文化、戏曲文化、宗教文化的大交融、大繁荣,使得上海迅速成为国际闻名的"大都会"。

朝花夕拾,物是人非。但上海仍原汁原味保留了一批会馆公所,位于卢浦大桥浦西引桥下的三山会馆就是其中代表,特别值得一提的是他们还在这里建成了全国第一个地方会馆史的博物馆陈列,上海人的超前意识契约精神和海纳百川的胸怀让人敬佩。

上海的拍摄不能不感谢三山会馆文馆所的王主任、马主任,是他们信守诺言和全力配合才保证记录的圆满成功。而上海收藏协会的吴会长,上海群艺馆的吴榕美大姐,则让我们远离家乡感受到何为古道热肠和浓浓友情。

黄埔的故事很多,江畔的记忆很久。而我们的影像记录将把上海的这一刻,永久珍藏!

建筑是凝固的历史
文化是艺术的传承
溯本清源让民族精神弘扬
返璞归真把华夏能量释放
温故知新只是为了更好面向未来

意识形态、文化信仰、文化传统、价值观念、伦理道德等构成文化因素。一般而言，随着与一种特定的博弈相关的文化信仰的定型，通过文化得以统一、保持和交流的社会化进程，它们会实现同一化，并为人所共知。商帮所处的明清时期，正是儒释道三教合流的时代，对于一般百姓来说，没有完全的对某一种思想的执着，更多情况下是多种信仰共同作用的结果。

风云会馆

2

风云会馆有古风
博采众家显儒韵

一、会馆风云
孕古风

在多伦旧城的西南，矗立着一座典型的黄河文化艺术建筑——伏魔宫，它是旅居多伦的山西商人于清乾隆十年（1745）集资兴建的山西会馆。该馆是多伦地区的晋商进行结社、议事、集会、娱乐的场所。

与全国其他地区的山西会馆一样，该馆里面供奉的主神依然是关

◆内蒙古多伦山西会馆

公。每个月的初一、初五、十五是山西商人进香的日子，这3天，伏魔宫内烟雾缭绕，热闹非凡。每年5月13日，大戏楼便开台唱戏，一直唱到秋后天凉，到6月15日多伦庙会期间，会馆内的演出活动达到高潮。在这个戏台上演出的剧种主要是山西梆子，有时也上演河北梆子等，但唯一不准上演的是《走麦城》，因为晋商所祭奉的关公曾经在痛失荆州后败走麦城。

东西配殿内的墙壁故事画也是伏魔宫内的一绝。整个壁画所描绘的是三国里的重要片断，以关羽的一生为主线：桃园结义、夜观灯火、大破黄巾等应有尽有。每一幅画的注脚上都标有商号赞助的银两数目，数目大则画面大，数目小则画面小。

财神这一意象对于千里迢迢离家求财的山西商人来说尤为重要，民间多认为财神即赵公明，又称赵公元帅、赵玄坛。

总之，文化信仰是许多个人中共同的理想和思想，是在历史上连续的策略形势中关于特定博弈的决策所结晶出来的，它们制约着这些人之间的相互作用，也制约着他们、他们的神以及其他集团之间的互动关系。一般而言，随着与一种特定的博弈相关的文化信仰的定型，通过文化得以统一、保持和交流的社会化进程，

小贴士

邯郸爷其实就是玄坛爷赵公明，民间封为五路财神之首，手下有招财、招宝、利市、纳珍四位财神。每年正月十五元宵节举办的"撞玄坛"，所撞到财神老爷，就是玄坛老爷赵公明。在中国台湾至今仍有元宵节炮炸邯郸爷的风俗。

◆ 四川自贡桓侯宫

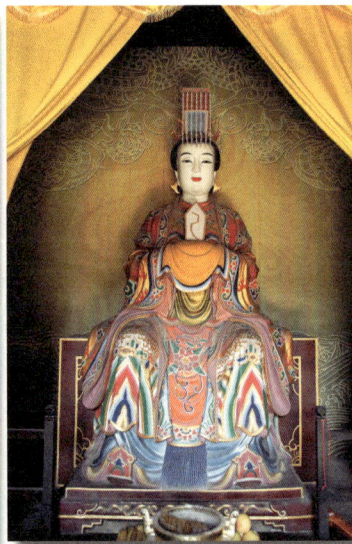

　　杜康又名少康，今陕西白水县人，夏朝人，是中国历史上第一个奴隶制国家夏朝的第五位国王。少年的杜康以放牧为生，带的饭食挂在树上，常常忘了吃。一段时间后，少康发现挂在树上的剩饭变了味，产生的汁水竟甘美异常，这引起了他的兴趣，就反复地研究思索，终于发现了自然发酵的原理，遂有意识地进行效仿，并不断改进，终于形成了一套完整的酿酒工艺，从而奠定了杜康中国酿酒业开山鼻祖的地位，其所造之酒也被命名为"杜康酒"。

它们会实现同一化，并为人所共知。因此，一种文化信仰的特殊集一旦在社会成员中定型，它就具有持久的影响，这种影响可能超越文化信仰得以形成的特殊情境

◆内蒙古多伦山西会馆

的边界。过去的文化信仰提供了基准点和
同样的预期，从而影响着均衡的选择和社
会秩序的执行。

◆福建湄洲妈祖庙

二、文化祭奠
誉华夏

会馆的建筑文化底蕴深厚，富含浓浓的文化气息。以社旗山陕会馆为例可反映会馆的建筑文化。

南阳理工学院研究生李波曾在《论社旗山陕会馆的石雕艺术特征及其文化内涵》一文中对社旗山陕会馆的建筑进行了较为详细的阐释，认为社旗山陕会馆在建筑相应的主要部位都设置有主题性石雕，既达到装饰美化之功能，又能丰富建筑的文化内涵。其主要分布在悬鉴楼及大拜殿正门的两侧。主题性装饰艺术石雕题材丰富，其内容异常广泛，大多选自三国故事、名人传奇、民间故事等。镶嵌在"悬鉴楼"楼前南面墙体里的四块方形石雕，其中有三国故事"赵子龙大战长坂坡"、"刘备马越檀溪"，和历史典故"圯桥进履"、"杯羹之让"。在大拜殿正门两侧的两幅主题性石雕最为精彩，两幅八字墙上东图"十八学士登瀛洲"，故事出于《新唐书·褚亮传》，是说唐太宗李世民选用人才

的故事。设计成一幅形象图，把"十八学士"勤奋用功、努力进取的情景描绘得惟妙惟肖。

此图本在这里被赋予青石雕刻，更形象地描绘了"十八学士"跋山涉水登瀛洲的路途艰辛和最后取得的卓越成效。"登瀛洲"也是"学而优则仕"的写照。西图"渔樵耕读"教化人们恪守本分、安身立命；但将"读"置于图的上方，与东图"登瀛洲"呼应，依然是宣扬读书为高，反映了山陕商人重教崇文的心理。图中山水、树木、飞禽、走兽、房屋，采

◆河南周口关帝庙

用浅浮雕、深浮雕、透雕、线雕等多种石刻方法，使十八学士及渔樵耕读形态各异，栩栩如生。四周以青龙和祥云组成连续纹样围合，给画面增加了神圣的色彩。石雕画面的构图巧妙，运用多视点观看方法，从下到上层层展开主题的表现，而且同一高度视点也有正、侧变化，使形象处于正视和侧视的多种变化之中，使画面视感丰富。雕刻采用多种方法综合运用，场景跌宕起伏，刻画细腻生动，是社旗山陕会馆主题性石雕的代表作品。其他的主题性雕刻，画面较小，分别点缀于柱础、栏杆等处，也有很高的艺术性。

李波认为，社旗山陕会馆是集馆、庙、娱乐场所集于一身的地方，是商业会馆类建筑与关帝庙建筑的特殊结合体。是山陕商人为"叙乡谊、通商情、敬关公、崇宗义"而建立的场所，是山陕商人的精神家园，因此会馆的装饰处处都显示出与其功能相一致的装饰寓意。其雕刻内容更具有丰厚的文化内涵。据相关学者研究，社旗山陕会馆石雕装饰艺术中蕴涵的文化内涵体现在这几个方面：第一，颂扬"义"，讲究诚信。如"赵匡胤输华山"、"赵颜求寿"等都将"义"及诚信涵盖其中了。宋太祖赵匡胤的"卖华山"

片段，则强调诚信的重要，不仅平民百姓，皇帝也不例外；图中雕刻的石桌、古树、小桥、流水，静中寓动，以烘托"卖华山"之重"信"的含义，点明了建馆立意——商人要确立"以信为本"的理念。第二，石刻中表现圣贤的题材，反映了山陕商人崇文重教、教人读书报国的心理。教育人要崇尚伦理道德，要勤俭节约，不怕艰苦，要有志向、有上进心，更要充满爱心等。第三，社旗山陕会馆的石雕装饰，可谓花团锦簇，富丽堂皇。其中龙、凤、鹿、麟、仙鹤、蝙蝠、狮子等动物，牡丹、荷花、兰花等植物成为会馆的建筑装饰反复强调的主题。牡丹象征富贵，蝙蝠取其谐音"福"，荷花取其高洁，兰花取其芳香；狮子则取其百兽之王，镇邪守门，龙、凤、麒麟都是瑞兽，取其吉祥之意，这些装饰都是人们祈求吉祥的体现。第四，山陕会馆的石雕艺术更注意以直露的装饰标记——算盘、钱币、账簿造型来着意点化其商业文化的内涵，如石牌坊上的"麒凤呈祥"图案中之钱串，大拜殿前八字墙石雕的"压胜钱"檐饰，大拜殿月台望柱头狮子踏钱串，寓意钱财滚滚而来，如意发财。祈愿一年12个月月月有福等，更是商人祈愿发财的直接心理宣泻。可以说，会馆所有建筑物的装饰，特别是石雕艺术无不打上了山陕商人的社会观、道德观、文化观、审美观的印记，其文化色彩之浓郁、文化内涵之丰富是社旗山陕会馆建筑装饰的一大显著特色。总之，山陕会馆的石雕装饰寓教化作用于其中，正是山陕商人审美意识、文化心态和人文思想的集中体现。使人们身处会馆，持续不断地得到灌输、训诫、警策，潜移默化地受到石雕装饰内容及其文化内涵的熏陶。会馆的石雕艺术深层的文化含义在于宣扬正统的思想，教育人们如何做人，如何奋斗，如何成才，同时，树立自己的商业文化形象和信誉，以招徕更多的顾客，引来滚滚财源。山陕会馆的石雕艺术从题材、内容、艺术形式等方面无不体现出商人们"求上、求学、求财、求福、求禄"，追求美好生活的心理愿望。

它的建筑设计和装饰风格，突出了山陕商贾的经营理念和创新意识，也涵盖了当时被称为九口通衢的赊店地域民间口头传承文化哲理，是当时儒、佛、道哲学理念融合的典型代表，具有丰富的中国传统的道德观念。建筑风格既雄伟壮观，又玲珑剔透，不仅集祖国东西南北建筑风格为一体，而且处处蕴涵当时深入商人意识的经营哲理、处世观念，把清代商人求上、求学、求财、求福、求禄，

◆河南社旗山陕会馆

讲究诚信、讲究进退、讲究门面的经商理念，囊括在建筑群的上上下下、前前后后，带有清晰的清代儒商意识形态印记，尤其营造了浓郁的德化教育氛围。

忠、义、礼、仁、智、信、孝、悌是中国传统道德观念的高度概括，而这些观念都十分清晰地蕴含在会馆建筑群和上下左右的装饰中。例如在社旗山陕会馆内，这样的文化寓意随处可见。琉璃照壁堪称前院第一个

风云会馆
②
风云会馆寺古风
博采众家显馆韵

亮点，它的主题是颂忠义。对联"经壁辉光媲美富，羹墙瞻仰对英灵"，"浩气已吞吴并魏，麻光常荫晋与秦"和横批"义冠古今"已经尽现关公忠义楷模。而对于构组总壁画的各幅小壁画，倒是需要细细地品味的。照壁北面共三幅画面。左面画有四狮对舞，其上置"渔樵耕读"图，目的很明确，是教化入会的各色人等懂得各司其职安身立命，以和谐共处，确保四方平安。右图中雄狮与麒麟难分难解地争斗打闹，其图上的着长袍观者，则静观其变；框上中部坐有一能够公正处世的观音菩萨，其座下凸出壁面，作向前俯视状的"獬豸"是专职辩曲直、除恶扬善的；最关键的是渴望进步发达的"鲤鱼"是否能够跳过"龙门"。壁画的中图把龙门上下的景观夸张到了极限，作为龙门的楼阁立在壁画的最下面，楼阁左下角的鱼尾委曲于龙门下的点滴位置，表示尚未跳过龙门的鱼。而那鱼一旦越过龙门便成为龙，龙升腾飞跃，可诸龙对舞，可戏珠逗趣，可腾云驾雾，尽展风采。壁画的设计人把中国古代教化人的绘画语言运用得恰到好处，把激人向上、励人拼搏的用意内涵，用鱼、楼、龙的形象表现得淋漓尽致，所以整个照壁先声夺

◆河南社旗山陕会馆

人，起到了催人奋进的德化教育作用。紧挨照壁的是东西两个辕门，东辕门的内门楣为"升自阶"，西辕门则为"阅其履"。让入会馆者一踏进辕门就树立进取之心，一步一个脚印地踏着阶梯上进，要走正道不走邪路，当回首往事"阅其履"时，不留遗憾。走进东辕门，仰脸便可瞧见一对铁旗杆拔地而起，这是会馆前院的第二个亮点。它是当时建馆的经办者在第一批工程完工后，用将所剩三千余金铸造而成的，杆高28米，重2.5万余公斤，竖立于这南院关键的位置，用意非常明确。首先是在全院起到了壮馆威仪的功效；其次是以事实展示经办者的秉公、诚信，善于精打细算的办事能力；其三表示了对后来人的德化教育效应。此确实是诚信教育的典型范例，那泛着光亮的铁黑色的组合造型，历经数百年风雨、雷电、炮火、战乱，但依然威武、拔地矗立在山陕会馆的前庭院，不曾见过像普通铁器样的锈迹斑斑，只在那黝黑的光亮中透出深沉、坚毅和威仪肃穆。仿佛告诉后人，做任何事情都要认真负责，精打细算，运作经营要清楚明白，经得起历史的考验。旗杆上布满装饰，在关键的部位装置了东为"大义"、西为"参天"的两块铁牌和"豪气千秋照日月，英灵万古震纲常"的铁楹联，连斜插的铁旗的装饰顶也不是传统的枪头，而是关云长的"青龙偃月刀"的形状。对应照壁，强化烘托满院对于关公"德"的敬重。如此更使后来人感受到了会馆前院的德育氛围的浓重，油然而生敬意之情。旗杆北面，悬鉴楼的南门，一对石狮正在笑容可掬地欢迎大家，此两狮立于此"叙乡情，重联谊"的山陕会馆前院，真可谓恰到好处。经二狮的调节，会馆前院的德育效果既明显又和谐，把严肃正统的说教与温暖和谐的慢声细语融为一体，进一步增强了德化氛围。

会馆除采用对内、对外的正式规则来实施其经济功能以外，还利用其控制的商业渠道和对行业价值理念的引导功能，构建起一整套非正式的约束机制。会馆之所以能普遍存在于各大商埠中，正是因为具有共同文化信仰的依托，通过神灵祀拜和营造诚信的会馆文化氛围，对本帮商人进行诚商良贾的思想教化，从思想和道德层面规范商人的市场行为，使其树立起敬业、重名、乐群的经营理念。

西北之行拍得很苦，沿途穿越古代丝绸之路，从山西右玉晋商之路出发到内蒙古包头—宁夏银川、固原—甘肃兰州、张掖、嘉峪关、敦煌—新疆哈密—青海西宁等，前后二十余天，行程近万公里。

见到舟车劳顿满脸疲惫的兄弟姐妹们，不禁心生感动痛惜。在西宁拍摄山陕会馆间隙，我安排剧组全体朝拜了藏传佛教黄教宗喀巴大师的圣地——塔尔寺。

进入藏区会让你处处感觉佛教的神圣无处不在，看到藏民从遥远的家乡，扶老携幼、前仆后继，手摇转经筒，口诵经文，虔诚而又执着地踏上朝圣之路。你会觉得身心荡涤、无求无欲，仿佛世间无形的力量吸引你躬辅叩首、负重前行，你愿用一生的努力修行来完成生命的轮回，精神皈依。

格嘉活佛是个传奇，据说他与现在印度的十四世达赖曾被同时选为转世灵童，经宗教仪式又从活佛被推举为塔尔寺第103轮大法台。但是，二十一年监狱生活的忍辱苦修，十一年的闭关自省，让我们看到一个周身洋溢出佛光，面容慈祥可亲的老者，用智者和深邃的目光给我们温暖、吉祥和幸福。当老人用那双粗粝宽厚的大手重重放在我的头顶时，我的意识里纯净空灵、感动升腾。好像一股热流魔力般穿越头顶流经全身，高捧哈达的双手不禁激动颤抖。

其实几年的拍摄记录，无论是北疆大漠、雪域高原，还是南国海疆、茶马古道。几乎所有的行馆会舍都建有庙宇宗祠，无一例外供奉有关帝、妈祖、许真君、朱熹及行业地方神。我时常想信仰之于古人究竟意味着什么，是什么样的力量能指引他们千百年来始终如一向善守德呢？是怎样的思想图腾凝聚人心，让中华传统文化重义轻利、诚信遵德能代代相传、绵延不绝呢？我们的前辈先人留下的文化遗产又昭示启迪出怎样的道德光芒和精神食粮呢？

更为惊奇的是，从塔尔寺回来为了照顾制片主任王栋去看看陪读的妻女，我们同机抵京。不想在去八一电影制片厂的路上他突发心梗，在心脏骤停推进手术室时，我把双手放在他的头上急切大声说："兄弟，坚持住！格嘉活佛会保佑你的！"现在回忆起那段惊险历程，我们慨叹于那神秘的心灵感应，惊奇于生命的无常和宝贵，更珍视患难与共结成的深厚友情。

感谢塔尔寺！感谢格嘉活佛！感谢我至亲至爱的兄弟姐妹们！

雪域边疆天山风
丝路古道尘世云
飘走的是时间和繁华喧闹
留下的是故事和不老传奇

时过境迁，各地幸存下来的会馆，已然成为商帮文化符号中的历史残片，百多年前浓浓的地域唱腔、郁郁的乡党之谊如今都已成为少数人的记忆，百多年后的精美建筑、宏大规模也已成为当地的名胜古迹、文保单位。

会馆的建筑考究，基本体现了当时中国最高水平的建筑技艺。建筑风格各异，大都结合中国的传统文化元素、当地的文化习俗和原籍的区域文化特色，以下对几个典型的会馆建筑做一介绍，从中可见一斑。

风云金殿

③

鳞次栉比势宏伟
雕镂画栋耀古今

一、气势磅礴
藏匠心

据有关资料显示，在全国现存的80余座会馆类古建筑群中，社旗山陕会馆以其建筑规模最为宏伟、保存最为完好、建筑装饰工艺最为精湛、商业文化内涵最为丰富，被全国多位著名专家一致公认为"中国第一会馆"。

山陕会馆是山陕商人于清代发起兴建，作为他们"叙乡谊"、"通商情"、"敬关爷"、"崇忠义"的集会场所。该馆位于赊旗镇（今社旗县城）中心，由山西、陕西两省富商集资，始建于清乾隆二十一年（1756），光绪十八年（1892）陆续建成，历时136年。

◆河南社旗山陕会馆

会馆占地 7750 平方米，坐北面南，有前、中、后三进院落。中轴线上从南向北，依次为琉璃照壁、铁旗杆、东西辕门、钟鼓二楼、悬鉴楼（戏楼）、东西长廊、东西配殿、拜殿等。整个建筑布局保存完整，规模宏大，装饰华丽，具有典型的明清会馆建筑风格。

　　该馆所有建筑左右对称，布局严谨，主次分明。悬鉴楼高八丈八（1 丈 ≈ 3.33 米），大拜殿高九丈九，春秋楼高十丈十，三座楼自南而北依次增高，坐落在一条轴线上。山

陕会馆兴建于古建筑艺术臻于完美的清鼎盛时，仿照皇宫銮殿建造，它集皇宫、庙宇、商馆、园林建筑艺术之大成，建筑特点体现了"无木不雕、无石不琢"的艺术风格。既雄伟壮丽、雍容华贵，又挺拔刚健、典秀大方，给人以艺术整体美的强大震撼力。

开封山陕甘会馆位于开封市徐府街中段路北，兴建在明代开国元勋徐达后裔徐茂先府邸的旧址上。清顺治七年（1650），曾在此建有关帝庙。乾隆年间，山西富商集资在关帝庙基础上兴建会馆。道光年间，陕商加入，易名为山陕会馆。光绪年间，又有甘肃商人加入，遂改名山陕甘会馆。该会馆坐北面南，主要建筑

◆ 河南开封山陕甘会馆

均分布在中轴线上，自南向北依次为照壁、钟鼓楼、牌楼、大拜殿等。左右东西厢房和东西跨院互相对应对称。两侧附属建筑有左右翼门、左右垂花门、钟楼、鼓楼、左右厢房、东西跨院等。建筑面积虽然不是很大，但是建筑精美，独具匠心。尤其是以砖雕、木雕、石雕为代表的"三雕"更是鬼斧神工，技艺精湛。

洛阳山陕会馆，亦名西会馆，位于洛

◆河南洛阳山陕会馆

阳南关马市街，在清康熙至雍正年间，由山西、陕西两省富商集资兴建。会馆坐北面南，中轴线上有照壁、山门、舞楼、拜殿、寝殿等，中轴线左右为对称的东西穿房及配房。南北长约百米，东西宽约50米，总面积约6000平方米，与南阳社旗山陕会馆建筑面积近似。作为一座古建筑群，占地面积看似较小，但它作为会馆的建筑设施和功能，却比较齐备。如果进入会馆参观游览，使人并不感到它的地盘狭小，建筑拥挤，而只感到内容丰富，布局严谨，主次分明，这体现出古建筑师以下的巧妙手法：首先，中国古建筑群，一般都是轴线对称，轴线上的建筑物，大多都是体量较大。山陕会馆面积虽小，但轴线上的舞楼、大殿以及拜殿仍同洛阳的潞泽会馆、开封的山陕甘会馆差不多，甚至比开封山陕甘会馆感觉还略大一些。这就是主次分明、重点突出的手法所起到的效应。其次，中国的古建筑群，一般都是三进院落，而作为商家聚会的会馆大多是两进院落。如洛阳的潞泽会馆、开封的山陕甘会馆、南阳社旗山陕会馆、淅川荆紫关山陕会馆等，都无一例外，当然洛阳山陕会馆也是如此。不过洛阳山陕会馆入门即为第一进院落，且两侧建

◆ 河南洛阳山陕会馆

有廊房。过舞楼为第二进院落，而绕过大殿则为拜殿。大殿与拜殿前后只有咫尺之地，这些给人感觉似乎为三进院落。这种布局手法，是充分利用有限地盘，得到小中见大的效果。同时，因距建筑甚近，仰视感到主体建筑高大雄伟，可见建筑设计者的匠心。山陕会馆现存有修缮整葺石碑十余通，是研究会馆历史演变的确凿佐证。山陕会馆

◆山东聊城光岳楼

的彩绘艺术多布于檩枋上，题材以卷草花卉居多，其中牡丹花最为显著，当为一大地方特色。而且至今仍鲜艳如初，十分罕见。山陕会馆是凝固的艺术，立体而和谐的雕塑；是无言的诗，立体的画；是力与美、形与意的产物。因此，山陕会馆是一座具有较高历史、科学和艺术价值的古建筑群，应该认真加速进行修葺保护，使之妆颜焕炳，永葆其辉煌壮美。

聊城山陕会馆是历史上聊城商业发达、经济繁荣的见证。它集中国传统文化之大成，融中国传统儒、道、佛三家思想于一体。整个建筑布局紧凑，错落有致，连接得体，装饰华丽，堪称中国古代建筑的杰作。

聊城会馆始建于清乾隆八年（1743），是山西、陕西的商人集资兴建的，从开始到建成共历时66年，耗银9.2万多两。会馆东西长77米，南北宽43米，占地面积3311平方米。整个建筑包括山门、过楼、戏楼、夹楼、钟鼓二楼、南北看

楼、关帝大殿、春秋阁等部分，共有亭台楼阁160多间，为全国重点文物保护单位。在全国现存的会馆中，聊城山陕会馆的建筑面积不算很大，但是其精妙绝伦的建筑雕刻和绘画艺术却是国内罕见的。会馆山门为三间牌坊式门楼，顶部为歇山式，六层如意斗拱，琉璃瓦覆盖。正门上的石雕匾额"山陕会馆"四个大字笔力遒劲，镌刻精细。大门两侧木柱上阳刻楹联为："本是豪杰作为，只此心无愧圣贤，洵足配东国夫子；何必仙佛功德，唯其气充塞天地，早已成西方圣人。"整个门楼高大巍峨，气度不凡。

苏州全晋会馆占地面积约6000平方米。以中路为轴，分中东西三路建筑。中路建筑是会馆的主体，气势雄伟，富丽堂皇；有门厅、鼓楼、戏台和大殿，是当时晋商们举行庆典和娱乐活动的场所。西路建筑庄重朴实，筑有两厅一庵。楠木厅和鸳鸯厅为晋商们交流商情、相互借贷、调剂资金的洽谈场所；万寿庵是为停放已故在苏的晋商灵柩之处，每年由山西派专船将灵柩迁回故土。东路有房屋数十间，供短期来苏联系事务的晋商寄宿存货，以及在苏破产失业的晋商借住。

修复后的全晋会馆门厅宏伟宽敞，光彩夺目。这是一座典型的清代砖本雕刻建筑。门厅前半部分的轩廊呈花瓣状，名为"海棠轩"；后半部分的轩廊呈弓弧形，名为"鹤胫轩"。两轩廊顶端的八朵彩色斗拱，雕饰"凤穿牡丹"，气势不凡，显示出华丽与富贵。斗拱是我国木结构建筑所特有的，它不仅有结构上的承重作用，还有点缀装饰作用。古代以斗拱层次的多少来显示建筑物的重要程度，作为制定建筑等级的标准之一。明代曾规定"庶民所居房舍不许用斗拱及彩色装饰，一品至五品官斗拱准用青碧绘饰"。清代

◆江苏苏州全晋会馆

对此也有明确规定。凭此门厅斗拱，可见当年全晋会馆旅苏晋商的实力和地位。"海棠轩"廊坊之上饰以双排金黄木雕蝙蝠，坊下饰以朱红金钱纹垫拱板，连接三幅宫式万字纹挂落，中央镶嵌三盆"万年青"，是寓意"福"、"禄"、"寿"的群雕。门厅设置三座六扇黑漆大门通向馆内，平日只开中门。中门两边安置两块饰有狮子浮雕的圆形抱鼓石；两扇大门上绘有工笔重彩门神"尉迟恭与秦叔宝"，传说能去邪镇妖，保佑平安。

进入门厅，两旁是对称的歇山顶亭阁式吹鼓楼，为罕见的礼仪建筑。每年会馆举行庆典之日，两厢吹鼓楼各有 6 名乐手，手持各种乐器，端坐在朱栏轩窗之内，吹弹于纱幔垂帘之中，或以悠扬的丝竹之声，或以嘹亮的鼓乐之声，恭迎宾客的来临。

明式戏台是会馆建筑精华所在，1986 年深秋，日本艺术学部剧场史专家松原刚教授访问中国时专门前来考察，不禁惊叹戏台藻井的精美及独特的音响效果，由衷地钦佩建造者的智慧和匠心独运，"苏州有一个规模不小的'中国戏曲博物馆'……尤其是那个精妙绝伦的戏台和演出场所，连贝聿铭这样的国际大师都视为奇迹，说起来苏州也算是富庶繁华的了，没想到山西人轻轻松松来盖了一个会馆就把风光占尽"。

二、建筑风格
显迥异

　　会馆多为地域特色或行业特色明显的建筑群，其建筑风格受不同区域文化的影响，这主要表现在祭祀建筑的差异，以及建筑理念和戏台的样式上。

　　位于内蒙古多伦县境内的"山西会馆"是乾隆十年（1745）由实力雄厚的山西籍商人集资兴建的，在当时可谓规模宏大。会馆占地面积5500平方米，建筑面积1800平方米，由四进院落组成，有牌坊5座，大山门、下宿、大戏楼、钟鼓楼各1座及二山门、配殿、东西长廊、东西厢房、耳房、正大殿等。大牌楼高达数丈，东西两侧各有小牌楼1座，雕梁画栋，颇为壮观。大山门俗称"过马殿"，两侧立有泥塑彩绘战马，侧立马童。西侧高大的拱形门上书有"晋者胜地"四个字。出山门是大戏楼，坐南朝北，高约3丈多。戏台由两根

大红明柱支撑，台前横梁挂一匾上书"水镜台"三个字。戏楼北面二山门上方挂一匾书有"千秋俎豆"。门前两根大旗杆下雄居一对大石狮子，形态十分逼真。沿过殿出厅就是正大殿，正大殿是祭奉关公的主殿，两侧厢房墙壁上绘有三国人物故事画。殿内三座泥塑像，中间端坐关羽，左右关平、周仓，气势威猛。

始建于清顺治十三年（1656）的安徽亳州山陕会馆，是当时山西和陕西的药商在亳州经营药材的联络集散地，会馆坐北面南，建筑面积3163.1平方米，院内以大殿为主建筑，戏楼辅衬，看楼建于两侧，形成四合院。大门外有石狮一对，铁旗杆一对，旗杆分为五节，每节分铸八卦蟠龙，顶端铸丹凤一只，旗杆上还有三层方斗风铃24只，迎风叮当作响，清脆悦耳。 正面门上横额刻有正楷题字"大关帝庙"。水磨砖墙镶满立体透刻砖雕，有整出戏文、故事、图案、花纹70

余种，观之琳琅满目。院中有座色彩绚丽美轮美奂的花戏楼，集砖雕艺术之大成，对研究我国古代建筑雕刻美术和戏剧都有重要价值。花戏楼本是会馆的一座戏台，因其上面雕刻彩绘绚丽夺目而得名。据《创建戏楼题记》记载：戏楼建于清康熙十五年（1676），比庙晚建20年。整个建筑融会了南北建筑风格，而且至今保存完好。

康熙二十二年（1683），山西商人会同陕西商人，在汉口的汉正街与后湖之间的一片空地上，联手兴建"山陕西会馆"，即"山陕会馆"，具体位置是当年的药王庙以西，夹街以北，保寿硚以南；今天的药帮巷以西，大夹街以北，全新街（当年的关帝街）以东，保寿硚以南。会馆内供奉关帝塑像。因为位于药王庙以西，会馆名称内有一个"西"字，山西人和陕西人在汉口被称为"西人"，所以汉口人称为"西关帝庙"。会馆为三进院落，两层大殿，一个大花园。

◆安徽亳州山陕会馆

大殿以黄色琉璃瓦覆顶，饰绿边金纹云头檐。大殿面积很大，雕梁画栋，正中供奉着关帝。大殿里挂着数十幅书画，摆放着很多檀木桌椅和茶几，这是山陕同乡联谊聚会之所。大殿两侧修建有几十间大房，陈设富丽堂皇，是供山陕士商旅汉寓居之用。楼上是堆货栈房，供山陕商人堆放货物。大殿前面建有一个大戏台，是汉口山陕会馆中最为精美的部分，戏台正中悬挂着关帝画像和对联。每至喜庆节日，晋商会馆必演戏酬神。最后一层是一个面积很大、环境幽美的花园，里面修建有凉亭、水榭、阁楼。

从历史资料照片上来看，汉口西会馆大殿的高度，绝对高过开封会馆大殿，气势雄伟得令人震慑。再看《汉口西会馆总图》：高墙层叠，院落深深，殿阁重重，门廊延伸，庭园幽静。大门外有三斗铁旗杆，与门楼等高。进门楼往里走，前后两重大殿，白石台阶，白石扶廊，雕梁画栋，金瓦碧檐。前一重殿后设大戏台，后一重大殿设关帝像，每逢节日，会馆开戏，两侧厢房的二楼，连排的雕花隔扇依次推开，楼上楼下，殿内殿外，观者如堵。《晋商会馆文化》一文："汉口山陕会馆内就建有正殿、财神殿、七圣殿、文昌殿等四座戏台。"

辽宁省海城市，海城河水缓缓流过城池的西南角之后，便沿着堤坝西行，此时河北

◆浙江龙游

◆辽宁海城山西会馆

岸一座高大的庙宇就会映入人们的视线，它就是一百多年前晋商聚会、议事的山西会馆，也是目前东北地区最大的关帝庙之一。会馆占地面积2600平方米，据有关部门考察，在关帝庙中能够有如此规模的，只有两座，一座在山西关公老家，一座就是海城这座。会馆位于海城市西门外大街，正殿三楹，后殿五楹，大门三楹，钟楼、鼓楼各一。会馆山门古朴气派，东为钟楼，西为鼓楼，门前有一对石狮子，两侧的墙壁上雕有"忠义"二字。推门而入，但见剥落的朱漆、残旧的垣墙、坑凹的石基，无处不显现着一种苍老，但觉不出半点破败和潦倒，扑面而来的反倒是一种历经风雨后的凝重与大气。

正殿是山西会馆的点睛之笔，它建在石基的高台上，采用悬山式建筑，砖木结构，面阔三间，进深一间，抱厦下面有四个大红立柱支撑，青石鼓形柱基敦实厚重，而立柱和横额之间所嵌的三层透雕的木雕龙凤云板却是灵透精巧。房顶正脊上还有一座小庙，脊中间插着"穿天戟"三根，脊两端是龙形大吻。斜脊上蹲着的砖雕跑兽：最前面的叫"走投无路"，后面的叫"坐地分赃"，中间的叫"东张西望"、"左顾右盼"。

步入正殿，但见置于中央、雕工精细的青石条案上所供的关公，长须飘逸、神情威仪，正手持一本《春秋》聚精会神地观看。正殿的后门，是一间小卷棚，向上看去同样有转角和补间单昂三铺作斗拱，柱子与额之间也镶嵌着木雕花卉装饰板。后门两侧有六角形小窗户各一个。从正殿正门出来，走到它的侧面，明显可以看出殿顶的前坡比后坡长，侧面两个大山墙的屋檐向外延伸，屋檐下有挡风板。

虽然这里仅是当年晋商身在异乡的临时聚集地，但会馆的整个建筑构建精良、布局和谐，宏伟又不失别致，处处可见营造者的精心和修建者的经济实力。

天水山陕会馆的占地面积并不大，大约一亩，同其他地方的山陕会馆相比，它只算是一个小"兄弟"，但它所包含的人文色彩却丝毫不弱于其他的大会馆。整个山陕会馆由两部分组成，一部分是陕西会馆，一部分是山西会馆，合起来就是山陕会馆。陕西会馆的大门向东，面朝大同路，山西会馆的大门向北，面朝解放路。

陕西会馆的大门为砖雕门楼，看上去精美异常，进去之后一连三座大殿，之后则紧挨着面向北的山西会馆。山西会馆的大门淡雅朴素，黑底黄字的匾额格外引人注目，进入院内，小巧优雅，进门后紧挨着大门的是耳房，迎面是聚会的大殿，大殿的东面长着一丛碧绿的竹子，一种超尘脱俗的感觉油然而生。苏东坡曾说："宁可食无肉，不可居无竹。无肉令人瘦，无竹令人俗。人瘦尚可肥，士俗不可医。"可见，当年修建这所会馆的晋商不是俗人。竹子旁边有一条小径，绕过去就是一座大殿，门口悬挂着清光绪年间被誉为"陇上铁汉"的都察院福建道监察御史安维峻题写的匾额。

凡是从襄樊一桥上走过的人都会发现在樊城引桥东侧有一片黄色琉璃瓦盖顶的残破的建筑群。这里有一个传说：抗日战争时期在樊城迎旭门外有一个小飞机场，飞行员是苏联志愿飞行队队员。他们驾机掠过城区上空就会见到城中这黄色屋顶的建筑。他们惊奇地问道，樊城不是帝王的都城，也无行宫、墓冢，为什么会有黄色屋顶的建筑？这是不符合中国封建帝王的规则的。

外国人岂能知道，在中国历史上黄色除了是帝皇的专用色外，还有祭祀两位文武圣

人的庙宇建筑也可以使用黄色，他们是孔丘和关羽。关羽祖籍山西，因此来襄樊的山西、陕西籍客商们，在这闹市的最佳地段修建了用黄色琉璃瓦盖顶的山陕会馆。在后殿的四根石柱上刻有这样的楹联：先武穆而王大宋千古大汉千古，后文宣而圣山东一人山西一人。

在漫长的历史长河中，会泽因矿冶业的兴旺而鼎盛一时。由于矿冶业的兴旺，吸引了赣、浙、桂、川、黔等地商贾云集，留下各省客商兴建的会馆、寺庙108座。在如今留存的江西会馆、湖广会馆、云南会馆、陕西会馆、四川会馆、江南会馆、贵州会馆、福建会馆"八大会馆"中，江西会馆规模较大，总占地面积为7545.92平方米，其中建筑面积为2874平方米，房屋共44间。既是儒、道、佛三教合一的宗教建筑，又是江西省籍的同乡会馆。主要建筑沿中轴线作纵深布局，建有门楼、真君殿、观音殿。真君殿左右建东、西偏殿，观音殿前建东、西书房，并设置东、西跨院，西跨院为室内小剧场，东跨院为小花园。整个布局均属三进两跨院。

第一进院为门楼和大戏台，是穿斗与抬梁相结合的土木结构建筑，歇山顶建造，为儒家风格建筑，前檐三重置斗拱。大山门正中悬挂九龙捧圣"万寿宫"直匾，门内正中悬挂"千秋人鉴"木雕匾额，字体为楷书，阳刻。底层开山门，设置为通道。后楼是戏台。江西会馆最具特色的是穿斗抬梁混合式歇山顶结构的门楼戏台，戏台口雕刻"八仙过海"图案，室内各种装饰性木构件精　　　　　　　　雕细刻，舞台设彩绘实景装置，中间一月亮门，正中先挂"乐府　　　　　　　　仙宫"木雕匾额，字体篆书，

◆西川洛带江西会馆

78

阳刻；两面为"玉振"、"金声"匾额，隶书，阳刻。顶部置八方藻井和井字天花人物彩绘图案，造型别致，设计精巧，可谓独具匠心，美不胜收。

第二进院为真君殿，也称中殿，供奉真君像，属道家风格建筑，重檐歇山顶，举架高大，雄壮巍峨。前檐出檐较深，置石雕围栏，格扇门木作雕刻精细，彩绘图案栩栩如生。正中悬挂"真君殿"木雕匾额，字体为颜体楷书，阳刻。殿内悬挂"忠孝神仙"匾额，字体为行书，阳刻。后檐明间延伸建一韦陀亭，四角起翘，厅内置一神龛，供奉护法神韦陀塑像，墙体上镶嵌重修万寿宫等各类碑刻五通；柱础形状风格各异；真君殿东、西两面山墙走道，有木制花格回廊围栏直出韦陀亭。

真君殿两侧为相对称的东西偏殿。东偏殿明间悬挂木雕匾额"玉龙万寿"，字体为行书，

◆江西南昌万寿宫

阳刻；西偏殿匾额"砥柱西江"为楷书，阳刻。其中，西偏殿在 20 世纪 50 年代初被火焚毁，夷为平地，1997 年县人民政府拨专款 32 万元，按原貌恢复建造了西偏殿，使整个建筑群体得到了完整的展现。

第三进院为后院即观音殿，供奉观音、文殊、普贤等塑像，台基和梁柱举架高于中殿，明间檐下悬挂"观音殿"、"慈航普度"匾额。建筑结构为单檐抬梁式歇山顶，两面均建有东西厢房各 3 间，对称规整。原在殿中还建有"玉皇阁"，供奉玉皇大帝塑像，20 世纪 50 年代初被毁。

江西会馆整个轴线的主体建筑，布局严谨，气势宏大，梁有升起，柱有侧角，墙有收分，墙体均为一顺二钉金包银砌置，被誉为省内古建筑之首，堪称清代古建筑之精华。

重庆的湖广会馆以前在每年正月十四都要举办禹王庙会，祭奠禹王，祈求来年风调雨顺、国泰民安。传说大禹治水，就曾经居住重庆，连儿子生在重庆也没有回家看看。所以重庆南岸还有个地方叫弹子石，意为诞子。禹王宫是由早期移民中的湖南、湖北的富商和乡绅捐资兴建，始建于清乾隆二十四年（1759）。禹王宫原是传统的黑青瓦。从清顺治年间早期湖广移民入川时就开始修建，后虽经嘉庆、道光和光绪时候三次重修、扩建，青瓦的风格都保持了最初的样子。

禹王宫斗拱的龙头都朝着长江，寓意大龙锁江。与北方砖石结构的建筑不同，禹王宫是南方庙宇常见的木结构悬山式小山瓦顶，其中大量使用的是木柱。这些木料都是专门从湖广运来的。移民相信只有从家乡运来的木材，才能使大殿得到祖先神灵的庇佑。

◆ 四川洛带江西会馆

1870年，德国地理学家李希霍芬在《旅华日记》中记载了这样一段话："我所走的那条路，在南召与来自社旗镇的另一条路相通……我每天遇到不少列驮子，从河南府载上棉花前往樊城河老河口。"清人衷干《茶市杂咏》记载："清初茶叶均系西客经营，由江西转河南运销关外。"这些中外历史著录是对河南省南阳市社旗镇也就是历史上古赊旗店重要地位最好的注解。

赊旗店的得名因东汉刘秀而起，它从明清时代起成为中原著名的商业古镇，同时也是中原古商道上十分重要的水岸码头，最重要的是它是万里茶路水陆中转的关键支点，它的兴衰荣辱直接关系到远在千里之外俄罗斯上流社会的生活。它的繁荣兴盛还把南方的茶叶、木材、布匹、瓷器，北方的棉花、粮食、药材都汇集到这里。

得天独厚的地理位置，繁盛热闹的商业地位吸引了全国各地商帮在此汇集，大大小小的同乡商业会馆接连建起，赊旗店内有山陕会馆、湖北会馆、湖南会馆、江西会馆、福建会馆、广东会馆等十余座，而其中的"山陕会馆"则是规模最大，建筑最美，保存最完整，文化内涵最丰富的一座历史遗址。是一座集宫殿、会馆、庙宇为一体的古建筑群。

拍摄间歇，穿行于融汇了我国东西南北建筑艺术的宫殿群，欣赏着精美的石雕、木雕、陶雕、砖雕、彩绘等艺术瑰宝，感悟着中国商人儒、释、道、理学和传统文化哲思。我常想，这既是远在异乡的"家"，更像是教化育人、沐浴心灵的"大学堂"。几乎每个角落都能找到传统文化中"忠、孝、节、义"的历史典故。处处体现出商人们向往美好生活，追求功名利禄的进取心态。会馆自清代乾隆二十一年开工兴建，经嘉庆、道光、咸丰、同治至光绪，除咸丰年间春秋楼被捻军焚毁外，前后经历六个皇帝，历时一百三十六年，其建筑周期之长，投入资金之大，前所未有，殊为罕见。

有时我经常问自己，祖辈先贤真的那么落后愚昧吗？为什么古人要在会馆里投入那么多的心血和智慧？为什么他们要在异乡打造原本不属于自己的家园？是怎样的精神和力量支撑他们如此执着顽强呢？联想当下，惊闻大桥垮塌，火车出轨，居民楼毁损屋倒人亡，各种豆腐渣工程频见媒体，拷问着国人的良心和道德底线，不禁悲切怅然、面壁汗颜。我们所能做的就是向前辈先贤们深深膜礼、恭恭致敬！静思，无言。

四季尘埃行天下
东往西来走天涯
听
马帮驼队铃声飞扬
看
骆驼苦旅商路漫漫
何处寻梦？
何时回家？

清代商业会馆作为异地同乡的聚集地，对商帮的稳定发展发挥了重要作用。其职能主要体现在诸如"祀神神祇、叙乡谊"，制定商业规范、对外协调、处理纠纷等方面。

4 风云会馆

敬业乐群桑梓谊
和衷共济悲欢情

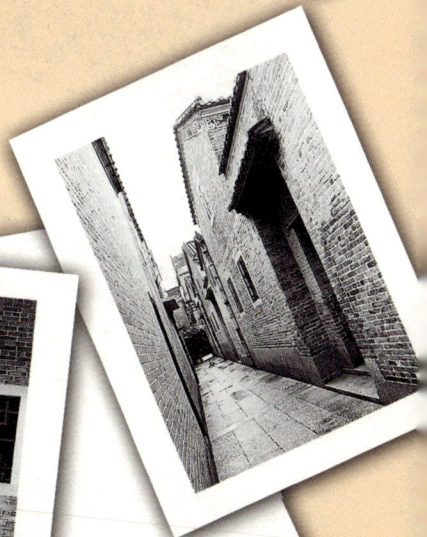

一、祀神叙谊 总关情

各会馆内都设有神殿，所供奉的神可分为乡土神、行业神和财神，苏州潮州会馆供关帝、天后、观音大士，又别祀韩愈。会首于每年正月初一、十五都亲自到神殿来拈香三拜，并在祭祀神的诞日及春秋二祭，举行隆重的祭祀典礼。每当祭日、年初或其他吉庆日，会员都齐集馆内演戏设宴，"以敦亲睦之谊，以叙桑梓之乐"。同乡之人无论关系亲疏，熟识与否，营业异同，语同音，食同风，拜乡土神，演地方戏，以解思亲之情、乡愁之苦。通过联络乡谊，互通市场信息，了解各地市场行情。一般会馆内都设有客室，以便新来或过往同乡寄

◆广东佛山梁园

◆福建泉州泉都昭惠庙

宿，设有殡舍或墓地以安置或安葬客死外乡之同乡，同时还设立义塾、养育孤儿，并资助贫困之人回乡旅费。一旦会员或旅外同乡"横遭飞灾，同行相助，知单传到，即刻亲来，各怀公愤相救，虽冒危险不辞，始全行友解患扶危之谊"。每当同乡在外发生"疾病疴痒"，"相顾而相恤"，施衣赠药。有些会馆内还建有仓库，供同乡商人停歇货物；有些会馆则将馆内收入低息贷给会员，融通资金。

会馆的会规，也称"规牌"，除对会员义务、行为、会费的规定外还制定了相关行业的商业规则和处罚办法。凡"通商之事，咸于会馆中是议"，其所制定的商业规则涉及面广泛、缜密，且执行严格，从商品的质量、包装、价格范围、销售程序、广告规范、礼仪态度、戥秤标准、银两平色等均有严格规定，此类规约既维护了商家的共同利益，规范了市场秩序，也免除了许多纷繁的手续。乾隆五十年（1785）赊旗镇重建山陕会馆公议杂货行规定，"卖货不得论堆，必要逐宗过秤，违者罚银伍拾两"，"不得沿路会客，如违者罚银伍拾两；落下货本月内不得跌价，违者罚银伍拾两；不得在门口拦路会客，任客投主，如违者罚银伍拾两；结账不得私让分文，如让者罚银伍拾两"。宁波的漳州会馆也规定，糖价既定，如削价售糖将受惩处。如有买空卖空行为，一经查

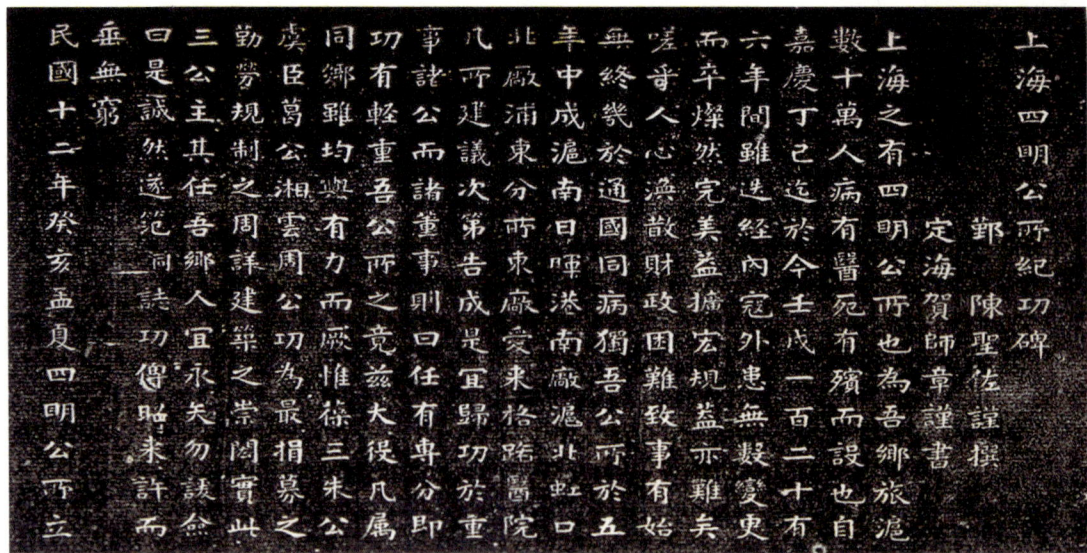

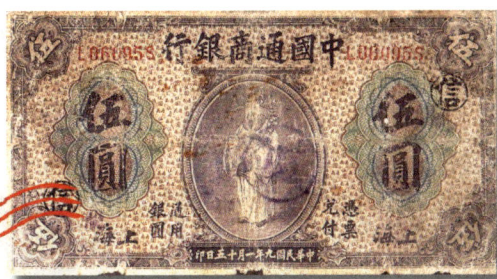

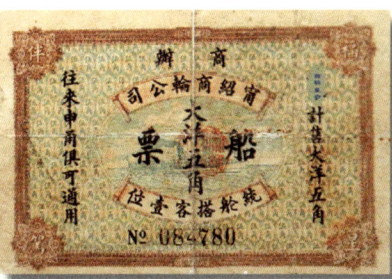

出将送官究治。同治十三年（1874），上海城内各衣庄有些不法商人暗抬洋价，以致贸易参差，于是十八日在泉漳会馆演戏三月，进行同业整规。

关于交易中赊购付款期限，会馆一般也有规定。河南社旗山陕会馆规定银期不得过期，如违者按生意多寡出月利。具体期限要视商品性质而定，付款日期从10天到60天不等，而期票贴现既不能逾期，也不能提前。宁波厦门会馆规定，期票须开出售货物的日期。对于谷物交易，期票兑现日期为10天，木材和藤条为30天，糖和杂货为20天。宁波漳州会馆，限制货款日期为20天；同城的山东会馆则规定，谷物交易付款日期应在成交后40天，油、豆饼为50天，论包出售的商品为60天。有违此规章者，无论买方或卖方，均罚款支付一台戏和酒席。

为避免发生摩擦和纠纷，会馆也对仓储、运输责任以及交易后的取货时间等进行规定。宁波的厦门会馆规定，售货后5天，买主应从货栈中提走货物；逾时不提货，则卖方对火险、货损概不负责。在货船上购货，一经卸到装货小船，卖者则不再负任何责任。宁波的漳州会馆规定更为严格，规定货物售出5天之后仍未起货者，没入行会。宁波的山东会馆对仓栈规定，从前货物入栈超过半年而无买主时，货主必须从仓栈中将货物提走；之后又规定如果超过70天以上，还想在仓库继续堆贮货物，须交纳费用；并且从船上起运货物的日期不能超过10天；如果在货物售出后的5天内仓栈失火，买主可以不支付货款，但如果超过5天，则卖方概不负责。

在度量衡方面，会馆一般规定16两为1斤，并公议星戥。有时各个行业也有自己的度量标准，如京师颜料会馆规约就规定秤头以15两为齐。砝码、秤、戥三种衡器的使用标准和适用范围都有约定俗成的规定，秤在杂货店使用较多，而戥在药铺使用较多。一旦通过度量标准，就要求众商户严格执行，并在会馆的监督下制造标准秤或由会馆直接提供标准的度量衡器具。如果短斤缺两，将视情节处以一定惩罚。立于雍正二年（1724），

重刻于同治元年（1862）的山陕会
馆公议制定同行商贾戥秤规矩中称：
赊旗为四方客商集货兴贩之墟，原初
码头买卖行户有数家，近年来人烟稠
多，开张卖载者20余家，商务发达
后，竞争激烈，个别行户行改换戥秤
大小，独网其利。为了维护正当竞争

上海市航业同业公会成立大会摄影 曹青年

和正常经营秩序，使"同行有和气之雅，宾主无乖庚之情"，同行商人齐聚关帝庙公议"秤
足十六两，戥依天平为则，庶乎较准均匀者，公平无私，俱各遵依更换，犯此者，罚戏
三台，如不遵者，禀官究治"，为使规则合法有效，"同众禀明县主蔡老爷批均，永除
大弊"。宁波的山东会馆也规定，行会成员使用的秤每月须检查两次，以核实其准确与否。
为了顺利交易，会馆一般都会制定平色标准，如赊旗镇山陕会馆规定，平色有公议码一幅，
只纹银九七八六为则。

当会员与外界发生纠纷或者受到牙行、地方官吏压榨时，会馆常常代理会员进行协
调、诉讼，以免孤单软弱被人欺负。乾隆时，由于"易州烟庄牙侩为奸"，使烟行中"不
通交易者几乎经年"，后经河东烟行会馆与牙行交涉，最终"卒获胜利"。嘉庆十九年
（1814）洛阳官府提高对潞泽梭布商人的税收，潞泽会馆以商团名义告至官府，历时一年，
几经周折，终于胜诉，减免了税收，此事使

潞泽商人在洛阳的声势大振，买卖倍加红火，并逐渐左右了洛阳的商业市场。

以在京广东同乡会馆为例，各地广东同乡常常因为家乡的事情或者自己在旅居地所遇到的问题而向他请示。上海广肇公所和潮州会馆是上海的两个最重要的广东会馆，他们与在北京的广东会馆时常有函电来往，联系颇为密切。1914 年 5 月 31 日，广肇公所召开会议认为广东设焚毁纸币有奖义会，与开赌禁无异，应该马上电京粤严禁，当他们把电报送给唐绍仪征求意见时，他认为需要先电询梁士诒和梁启超问明实在情形后再作打算。会馆听从了唐绍仪的意见，于是发电报给梁士诒和梁启超，向他们询问具体情况。民国初年，青岛广东会馆就粤省准开牌捐事电北京的广东会馆，请其电粤省政府将牌捐严行禁止："顷接沪转粤省各公团电称，准开牌捐实即赌博，伤风败俗，贻害匪浅，乞电粤省将军巡按使速将牌捐严行禁止，以除赌害。"北洋时期，汉口岭南会馆曾电北京的广东会馆，请托会馆诸先生保释在北京被拘留的汉口的粤帮同乡。他们的电报称，同乡邓吉符，香山人，

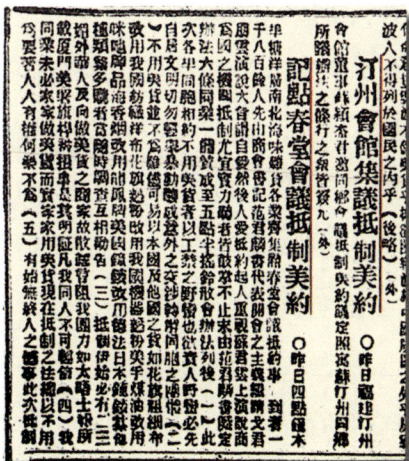

久商于汉，人品素端，为粤帮所共信。前月下旬，上京觅友，人地生疏，闻警厅疑为党人，至旅寓东检三次，后在床下检出证据而拘捕了他。调查表明，邓氏向来所交往的都是品端之人，所以联具公电恳请在京诸公俯念桑梓被陷落辜厄，力保释。1919 年，北京的广东同乡会馆收到旅逞罗华侨商学代表就华侨在遏罗被歧视压迫致呈大总统函。向北京的广东会馆请托的各地同乡遍及海内外，其中以会馆等同乡团体及其负责人为主。

一些会馆还参与地方社会的公共管理，维护经济和市场秩序。著名的重庆八省会馆即浙江会馆、江西会馆、江南会馆、湖广会馆、福建会馆、广东会馆、山西会馆和陕西会馆就承担着大量地方管理事务，如向商民征收捐税、厘金，举办保甲、团练、城防、育婴、掩埋、消防、救生、积谷、赈灾以及修九门之码头、定各帮之规则等，官府必召集八省客长协商办理。当不同省籍的商民发生纠纷时，则由八省客长集体出面调解。如果当事人对调解不服而上诉官府，官府一般仍会将案件交回八省客长集体处理，直至当事者满意调解结果。河南社旗山陕会馆，包括两省十九郡商贾，凡义举、大型商务活动乃至社会治安等事宜，均有山陕会馆的直接参与，以山陕会馆为首的商贾集团已将社旗镇建设成为政治、经济合二为一的一座客商重镇，会馆兴衰直接影响着全镇经济的繁荣与否。

二、余音袅袅
伴商路

　　明清时各地会馆中多筑有戏台，汉口的山陕会馆内有可容纳万人的大院，院内东西厢房相向而立，分上下两层，共设有 500 个席位，为看戏的包厢。当年秦腔、蒲剧班社在戏台演出，场面异常热闹壮观。

　　北京颜料会馆《重修仙翁庙碑记》载："他如乐亭厢廊，楼阁层叠，凡所以妥神灵而肃拜瞻者，前人之缔造，其谋盖深且远矣。"因此定期和不定期的地方戏演出成为会馆职能的一部分。每到喜庆节日，会馆必演戏以酬神。一是为了祈祷神灵保佑生意兴隆，财源广进；二是为联络乡情，巩固商帮内部的团结；三是观赏家乡戏以慰藉自己浓郁的思乡情。会馆演戏一般非常隆重热闹，所请戏班必为梆子名班，

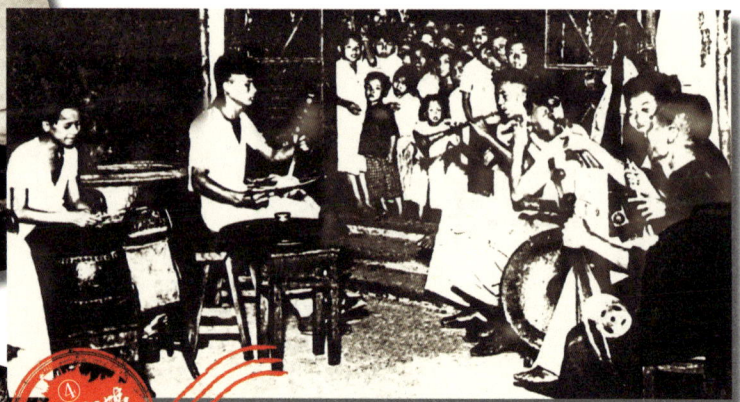

并且常常不惜重金，千里迢迢将家乡的名班和名伶邀来演戏。

戏台一般在会馆建立之初就同时设立，彭泽益的《中国工商行会史料集》载，上海江西会馆乃由巨商唐公泉伯、朱公拱之、陈公润夫、包公晖章等，联络官商，创修客所戏台。楚南会馆是因为商帮生意颇佳，特集资创建的，其中建造戏台，并绕以围墙。

对于新加入会馆的商户，要求其必须为大家公开演戏，如颜料会馆"凡新开染店者，必设备酒席演戏，招宴公所人员，以图亲睦"。

会馆每逢喜庆节日的演戏经费，基本上都是各会馆商户平时交纳的份子钱，如北京《猪行公议条规碑》(道光二十九年〈1849〉9月立石)载："各店卖猪一口，积钱六文……所积钱文，每年于三月十六日，公庆，财神圣前献戏一天之用。"新建靛行会馆碑记：每年于九月献神戏一天，每位香资钱二千文。因此，会馆中每值新年必遍集同乡，为团拜之会张筵演戏，极为热闹。

有时候，为了规范业内商业行为，众商户进行定期或不定期的集会，其间必定要演戏以壮声势。甲戌正月十七日的《申报》载，近年上海

城内各衣庄因有暗抬洋价，未免彼此高下，以致贸易参差，现闻于十八日在泉漳会馆演戏三月，同业整规。另外，猪行规定，今同行公议，重整行规，以申旧制。自议之后，如有新开猪店，必须在财神圣前献戏一天，设筵请客，方准上市生理。如不献戏请客，同行之人，概不准其上市生理。

即使在外部经济环境萧条、商业不振的年份，会馆的演戏也不停止。如扬州各会馆每年于正月间演戏，以行庆贺礼，但由于赈灾需要而将许多经费充为赈灾款，因此会馆内一切宴会无不从简。然而江西会馆仍欲演戏一月，因为寄居扬州的豫章人不愿惜此小费也。

另外，会馆演戏还有一个功能就是对加入会馆的商户进行惩戒，如某会馆公告声明，若有违章者，将罚戏两台和20人一桌酒席的款。靛行规约："今将罚约列后，如犯罚约者，在行馆神前跪叩，高香一封，罚钱九十千文，以备办酒席三桌公用；罚戏一天，请开行大家，在戏园恭候。罚香银廿五两，存行馆以备祀神、修理行馆使用。"

因此，商路亦即戏路，地方戏与地方商人的浓厚情节在会馆中不断演绎。

苏州的全晋会馆，同山西省内的王家大院、乔家大院等文物景点一样，曾经是山西商人的自豪和骄傲。据说，全晋会馆每遇皇帝诞辰之期、国家大庆之日，均举行隆重庆典；每年农历正月半，都要用整牛、整猪、整羊"三牲"举行祭祀仪式，鸣钟击鼓，极为隆重。

◆浙江宁波钱业会馆戏台

98

◆四川自贡王爷庙戏台

◆四川洛带湖广会馆戏台

藻井是指宫殿或厅堂天花板上的一种装饰。一般呈圆形、正方形或多边形，上有各种花纹、雕刻或彩画。

庆典或祭祀后，还有盛大的演戏酬神活动。每当经商者生意兴隆，财源丰厚时，也要举办庆贺娱乐活动。中路的古戏台便是当时的演出场地，也是会馆古建筑群的精髓所在。

古戏台的后部是供演员化妆候场的后台。两旁与之连接的是长达 21 米的包厢式东西观剧庑廊，称为耳楼或厢座。庑廊上下两层，楼层女宾席为晋商女眷观戏专座。与戏台南北相望的是巍峨的大殿。原会馆大殿称为"关公殿"，内置关公像。神像前设朱红长方形供桌，平时以瓷制水果为供品；每年农历九月十三关公诞辰及五月十三关公忌日，均邀堂名班社演酬神。原"关公殿"已于 1976 年因占用单位不慎失火毁于一旦。现歇

◆ 天津广东会馆

山顶大殿是 1986 年从谢衙前灵鹫寺移建的。殿前构筑花岗岩露台，作为观戏主宾席。戏台、庑廊和大殿合围成一个封闭性的一千多平方米面积的庭院。庭院是中国传统建筑在平面布局上的基本特点，此处独具建筑艺术美感的庭院变成了可三面观戏的露天剧场。

美国马萨诸塞州青年乐团的 94 名演奏员在这里弹唱了中国歌

曲《卖报歌》后，声称是来中国后演出感觉最良好的一场。柬埔寨西哈努克亲王和莫尼克公主曾在这里观看昆剧、苏剧、评弹。由于包厢与戏台之间有着科学的空间处理，观众可随意选择座位，视线均不会被包厢或戏台的柱子所遮挡。戏台又是三面向伸出型，观众能多方位欣赏演员的表演，将其一招一式尽收眼底；加之藻井的扩音效果，能使演员的自然音质清晰地传递到剧场的每一个角落。当年修复时，建筑大使贝聿铭和中国著名园林学者陈从周先生前来参观，贝先生认为这一戏台造得恰到好处，必定出于高手，特请陈先生代笔题词："三十年前游兹馆，今见重修，老眼为之一明，可喜可颂。"

爱护文物
请勿坐卧

小贴士

　　山西人自来以"勤俭"闻名，为何偏偏在看戏上如此"大手大脚"呢？晋商之爱好戏曲，与"演戏酬神"这一商业风俗有密切关系。关羽是山西商人诚信的象征和保护神。时下的饭店酒楼，厅堂之中也大都供奉一尊关公塑像，也是取吉祥和呵护之意。明清时代，山西商人大凡建会馆必内设关公庙或拜殿。一般情况下，每逢关公诞辰，大多演戏，算是祭祀的一部分，所需费用则由各商户分摊，开封的山陕甘会馆也不例外。

小贴士

日升昌是中国第一家票号，坐落于"大清金融第一街"平遥古城西大街的繁华地段，是中国现代银行的开山鼻祖。从清道光初年成立票号到歇业，历经一百多年，曾经"执中国金融之牛耳"，分号遍布全国35个大中城市，业务远至欧美、东南亚等国，以"汇通天下"而著名。

演戏的内容随着时代的发展也在发生着变化，例如最初晋人以梆子戏为主，清中期以昆剧为主，再后来以京剧、豫剧和秦腔并重。在发展的过程中，"酬神"的演戏慢慢地也有了"酬人"功用，看堂戏成了晋商的一种重要公关手段。陈其田在《山西票庄考略》里如此叙述道："票庄结交王公大人，多在相公下处。相公下处的酒席非常讲究，招待殷勤，屋内布置也甚精致，因为妓馆是下级的交际场，高位者不肯涉足，所以结交大官必以相公下处做媒介。"此处的"相公"指唱戏的旦角。约官员于"相公"处，是当时比较高雅的社交方式，从中也透露出商业经营活动中的一项重要内容。例如日升昌分庄的经理邱泰基在开封、西安分号管事时，就通过看戏的方式与当地的藩台府台等高官称兄道弟，包揽了当地的官款业务，成为日升昌东家甚为赏识的分庄经理。

写下这个题目，可能一般读者都会发懵摸不着头脑，但对安徽亳州人来说，都会露出会心一笑，因为，这是他们当地两个著名景点：山陕会馆的"花戏楼"和江宁会馆的"圆觉寺"，为什么把这两个相距很远的会馆放在一起说？它们之间有什么必然联系吗？

安徽亳州是个有着三千年历史的文化古城，地处苏、鲁、豫、皖四省结合部。"亳"字在甲骨文中为"乇"，其本义为生长着茂盛庄稼的高地。因此亳州土地肥沃、物产丰富，是全国重要的药材、粮棉、蚕茧、烟酒生产基地。所以历史上作为重要的商业口岸集散地，大大小小的会馆、公所、钱庄等在这里星罗棋布，也就不足为奇了。现在保留下来的会馆已然不多，做为国家级重点文物保护单位的山陕会馆，又称大关帝庙，是山西商人王璧，陕西商人朱孔领发起筹建，自清代顺治十三年重修，经康、雍、乾三朝百余年修建，面积达 3163 平方米，成为今天建筑保存完整，奢华雄伟，雕绘技艺精湛，传统艺术美轮美奂的文化瑰宝。而在古泉路中北侧的江宁会馆，则是南京药材商人在清嘉庆十二年在圆觉寺基础上集资修建，因圆觉寺早在康熙时期就由南京商人资助管理，所以，虽说面积不大，但建筑风格却简约、质朴、精致，会馆共有的祭祀神灵、商务活动、娱乐休闲等功能都一应俱全。

拍摄期间我一直观察思考，不同商帮会馆间除主要功能相同外，其建筑制式规模，传统文化诉求、审美取向、地域商帮气质等都有很大差异。山陕商帮，异乡求财、爽朗大方、讲求场面、极尽繁华，拜的是崇尚信义的关公大帝，听的是豪迈奔放、粗声大气的邦子戏，墙里墙外无不尽展北方人的大气劲儿。而江浙商帮则低调内敛、质朴含蓄，江南的婉约和文化内涵在咿呀的吴侬软曲中尽显，他们注重个人内在的精神修养，希望在对佛、道和地方神的虔诚祭拜和清净独处中，完成心灵的净化，所以，处处透出南方人的精灵劲儿。

其实中国人无论走到哪里，哪里就有寄托乡愁文化传承的"家"，虽然他们之间充满了土客之间、客客之间、传统与现代之间、海陆之间、城乡之间的文化碰撞与冲突，但值得庆幸的是，当你行走在异域他乡，当你在城市的混凝土、钢铁森林中迷失方向时，至少这些已然寥落的传统会馆公所里，会让你看到一种延续，找到一些精神，摸到文化根脉和故土情怀，至少我们血脉相连不孤独，至少我们同源同宗有家乡。

彩云之南的茶马古道
冷落了一个世纪的古老记忆
仿佛一个声音在呐喊
谁说商道唯重利
心有光荣梦
诚信赢天下

许多会馆本身就是在先建神灵庙殿基础上发展起来的。而且会馆祭祀神灵又是以乡土神作为团结凝聚同籍商人的精神纽带和张扬本土文化优势的标志，以激励和支持同籍商人在异地的经贸活动。

会馆中的神祇崇拜大致有三类：乡土神、福禄财神和行业神，如山西会馆崇拜关羽，江西会馆崇拜许真人、文天祥，福建会馆祭祀天后，漳州会馆崇拜开漳圣王，河间会馆祭祀文昌魁星等。不过，这三类神祇界限并不明显。比如关公就身兼两职，既是乡土神，又是福禄财神，既是行业神，同时也是民间的普遍信仰。

5 风云宝鉴

祭祖祀神求天佑
共同尊奉凝众心

一、义薄云天
祭武圣

关公本是三国时代蜀汉的一位武将。陈寿《三国志》称其"雄壮威猛",为"万人之敌",其性格"刚而自矜",可见是一位武艺超群、性情刚烈孤傲的将军形象。

然而,他能成为英雄以至于神祇被人们加以崇拜,主要因其有"忠、义、仁、勇"的精神,也就是说,他忠于皇室,义于朋友,言合经义,武能立功,几乎兼备了中国封建社会士大夫的"忠孝节义廉耻"等伦理品德,也符合封建帝王对臣下的要求和规范。同时,关羽的义脱离了庸俗和市侩的气息,抵制荣华富贵的引诱,符合封建社会自然经济中小生产者的心理,是下层人民所向往的人与人之间的关系。他的勇武,更被想象为能救助弱小、惩治邪恶的神力。经过一千多年的不断神化和美化,人们心目中的关公,实际早已从一位历史人物升华为中华民族的一尊道德偶像,

乃至维系海内外炎黄子孙的感情纽带。

我国的关公崇拜始于宋朝，最盛时期当推清代。清世祖、高宗、仁宗、宣宗都先后给关公追封，最后的封号为"忠义神武灵佑仁勇威显护国保民精诚绥靖宣德关圣大帝刀"，其封号之隆、其神威之盛，真乃无以复加。随着佛教的中国化和道教对儒学的认同，关公也被引入佛教、道教的殿堂。佛教把关公列为伽蓝神之一，在常见的十八罗汉旁塑他的像供奉，把关公封为"关帝圣君"，让善男信女加以虔诚祭拜。

而民间也不例外，把关公视为武神、财神、保护神，城乡许多家庭，乃至行业团体，都崇祀膜拜这位神灵。包头的皮行和成衣局联合组成"威镇社"，"每年三月十八日在关帝庙过会，供关云长威祖师"，此"威镇社"的名称，就取自关羽在明朝万历四十二年（1614）所得封号"三界伏魔大帝、神威远镇（震）、天尊、关圣帝君"。山西浮山会馆建于雍正七年（1729），馆北建关圣帝君、玄坛财神、火神酒仙、炉王殿。北京河东会馆，又称烟行会馆，馆中建有关帝庙，主祀关帝，配祀火神、财神，合称"三圣"。

许多会馆本身就是在先建神灵庙殿基础上发展起来的。如在北京的山西颜料会馆最先为关圣、玄坛、财神、真武大帝、葛梅二仙庙宇，后来扩展为会馆。洛阳的潞泽会馆，最初为关帝庙。由于关公是山西运城人，陕西是关公的改姓之地，加之关公又是武财神，

所以明清以来山陕会馆一般都崇拜关公。山东聊城会馆极盛时，大殿供桌前的一对大蜡烛有五尺（1尺≈0.33米）多高，直径超过一尺。据说，这两个大蜡烛点上后可以燃烧一年，是山西一个经营蜡烛的商人

聊城山陕会馆是历史上聊城商业发达、经济繁荣的见证。它集中国传统文化之大成，融中国传统儒、道、佛三家思想于一体。整个建筑布局紧凑，错落有致，连接得体，装饰华丽，堪称中国古代建筑的杰作。它的石雕、木雕、砖雕和绘画工艺更是中国建筑艺术的精品，对于研究中国的古代建筑史、商贸史、戏剧史、运河文化史、书法、绘画、雕刻艺术史以及清代资本主义萌芽因素的产生具有极高的资料价值和重大意义。1977年被山东省人民政府列为省级重点文物保护单位。1988年被国务院列为全国重点文物保护单位。

景点地址：聊城东关古运河西岸。

当地传统名吃：八批果子、老豆腐、老王寨驴肉、武大郎炊饼、托板豆腐、聊城呱嗒、东阿豆腐皮、莘县杂烩菜、茌平马蹄火烧等。

特意制作的。每年快到关帝生日的时候，他就计算好日子，用一头小毛驴驮着两只大蜡烛启程了，在关帝生日这一天准时赶到聊城，点上蜡烛以表对关帝的尊敬。这样年复一年，从不间断。

传说，当年有一个驻聊城的军阀就硬要在这里演一次《走麦城》的大戏，谁知锣鼓刚刚敲响，演员尚未挑帘登场，大殿内的桌围、布幔却突然着起火来，把会馆照得通亮，火焰向坐在台前的军官直扑过去，当即把那人吓昏在地。自此，在会馆里便无人敢演关公戏了。

河南周口的山陕会馆为道教庙宇，会馆后侧建有道坊院，为住持道长居住和接待官府人等场所。会馆每年

举行三次大型祭祀及庙会活动，相传正月十三为关公生日，五月十三为关公磨刀日，九月十三为关公祭日，前两次称为小祭，九月十三为大祭，每次祭祀活动均起庙会三天。祭祀及庙会活动由当家道长和会馆主持等同力承办。

祭祀活动及之前，当家道长从湖北武当山、嵩山中岳庙、南阳玄妙观等四方名山庙观请来高功道长和道姑，来协助举办盛大祭典。整个祭祀仪式庄严肃穆。在祭祀和庙会活动的三天期间，会馆内外装点一新，各商社神社敬献的彩灯、彩旗、帐幔锦幛各处悬挂，五彩缤纷璀璨夺目。上午、下午、晚上皆演出大戏，早中晚饭之时加演神戏，以表对关帝的虔诚敬意，群众可随意出入观看。庙会期间，大拜殿内，上香上供、顶礼膜拜、祈求发财的善男信女整日络绎不绝，万人庭院内更是人山人海。除每年三次大型祭祀

小贴士

从关公祭拜窥儒释道合流：佛教从东汉传入中国后，与中国的本土宗教道教产生了激烈的对抗和融合，在中国儒学文化的统领下，儒释道不断交融，到明代时这种融合达到了一个很高的水平。关公作为中国汉代的一员猛将，不仅被历朝代表儒家的统治者们不断册封，还同时被道教和佛教徒们尊奉，成为佛道中人。所以，从中国人对关公的祭拜现象来看，明清以后儒释道合流的程度已经非常之高。

小贴士

关公与行业崇拜：人们对关公的祭祀可谓是遍布海内外，涉及各个行业。从政府公务人员到各种社会组织，从小商小贩到商业大亨，从国内到东南亚以及海外很多地区，关公的香火从未间断过。其不仅是财神，还是保护神，更是忠义的化身，寄托了很多美好的期盼。

及庙会活动外，每月的初一、十五为上香祈愿日，四乡的善男信女齐聚于此上香祈愿，此俗一直延续至今。

由此不难看出，在上至皇帝、下至民间、兼及三教的共同推崇和不断塑造下，关公的地位越来越显赫，出现了"今且南岭极表、北极寒垣，凡儿童妇女，无有不震其威灵者，香火之盛，将与天地同不朽"的盛况。

因遍布于全国各地的山陕二省商人大多精于经商而财源滚滚，因此，关公也就由"武圣"而成为人们心中的"财神"。至今，我国南方、香港、澳门、台湾，东南亚各地的华商大多敬奉关公这尊财神。

二、诸行归宗
祀众神

在明清时期，各大商帮除晋商主要祭祀关公外，都有自己的乡土神。徽商会馆祭祀朱熹，因为朱熹是徽州婺源人，这是一种高层次凝聚力、亲和力的需要。通过朱熹，将在外地经商的徽州一府六县的朱文公故里之人，紧紧地团结在一起。特别是朱熹的《家礼》被运用到团结上来，这是徽商在异地他乡能抱成一团，形成力量的重要原因。

江西籍会馆祭奠许真君。许真君民间崇拜是一种代表江西地方特色的区域文化，而万寿宫是江西人崇拜许真君的一个载体。据载，许逊在世时治政廉简、爱民如子、为民治病、积功累德、在民众心中地位很高。又传说他镇蛟斩蛇，治水除害。所以当他修道成仙、拔宅飞升后，江西人将其作为降妖除魔的神仙进行奉祀。

福建籍移民会馆最常用的名称是天后宫和天上宫，妈祖又称天妃、天后、天上圣母、娘妈，是历代

船工、海员、旅客、商人和渔民共同信奉的神祇。古代在海上航行经常受到风浪的袭击而船沉人亡，船员的安全成为航海者的主要问题，他们把希望寄托于神灵的保佑。在船舶起航前要先祭天妃，祈求保佑顺风和安全，在船舶上还立天妃神位供奉。

现在福建霞浦县松山天后宫篆刻有一副楹联："风调雨顺，四海龙王朝圣母；国泰民安，五洲赤子拜阿婆。"说的是在妈祖的治理下，天下太平，风雨适时，五谷丰登，连四海龙王都来朝拜妈祖。龙王原是海神，统领四海，权力显赫。后来妈祖神格上升，统驭四海，凌驾于四海龙王之上，龙王地位降低，反受其制。

温柔的妈祖取代了好战的四海龙王，标志着宋代以后，在中国的海洋观里，航海不再是探险和掠夺，而是一种以德治为核心的文化和精神行为。传说中，妈祖每次在海上救难之后，都要给每位遇险者一碗热气腾腾、芳香扑鼻的

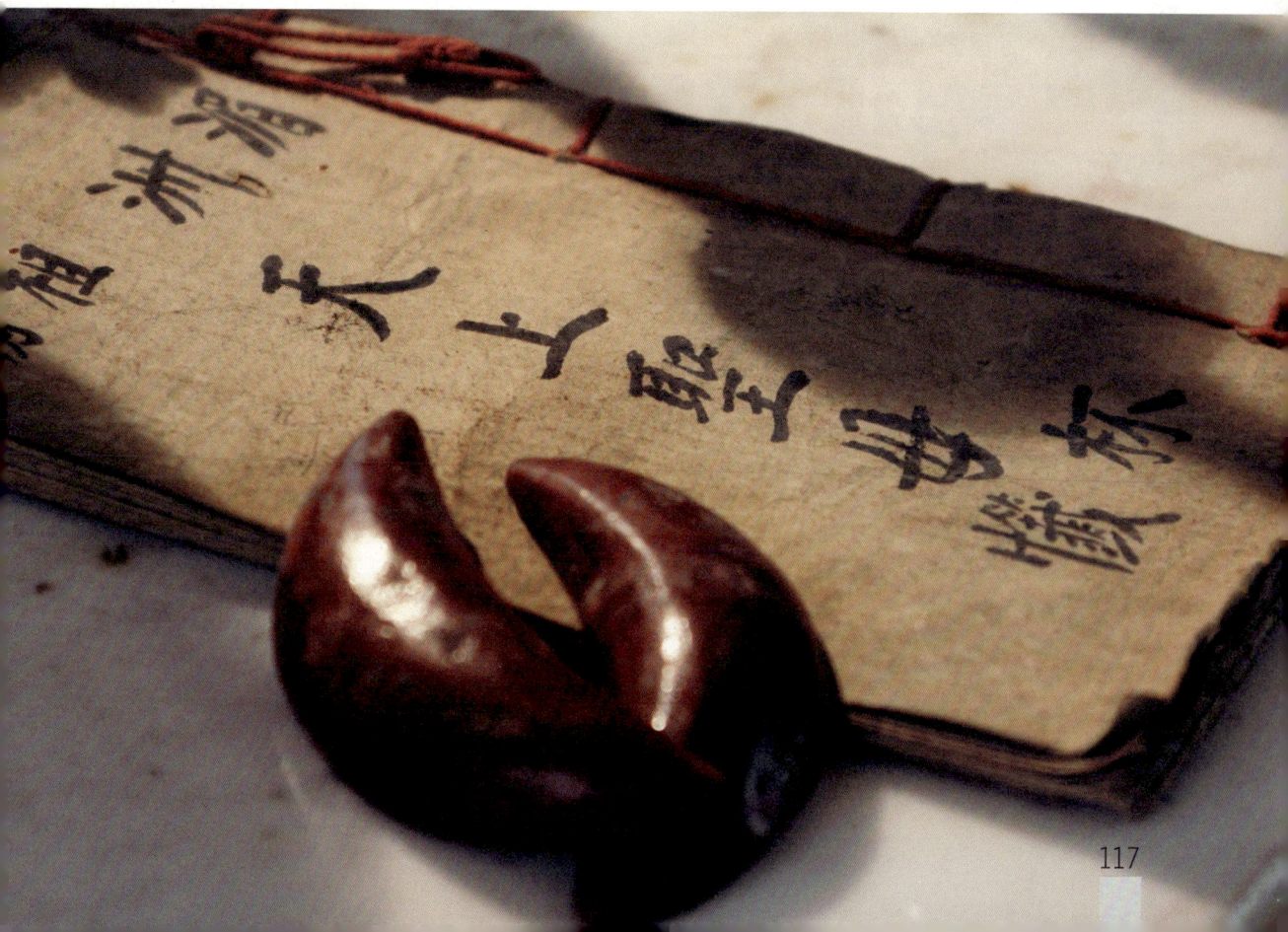

◆福建莆田湄洲岛妈祖庙

兴化寿面，以示安慰。

　　湖广籍移民会馆最常用的名称就是禹王宫，祭祀大禹。禹是我国古代与尧、舜齐名的贤圣帝王，他最卓著的功绩，就是历来被传颂的治理滔天洪水，又划定中国国土为九州。清康熙初年，清政府制定了"移民实川"政策，鼓励向四川大规模移民，重庆因拥有总汇长江和嘉陵江干流和诸支流之利，成为移民入川的首站，各省商贾云集山城，争相设庄建馆，其中建筑最宏伟气派的湖广会馆和江西会馆，加上毗邻的广东会馆，形成庞大的建筑群，统称湖广会馆建筑群。

　　早在明末，一批湖广籍商人就来到五凤安家立业，经营小百货和布匹生意。为了便于同乡聚会，他们在五凤购买土地修建了一所会馆，供奉家乡的神祇大禹王。到清康熙中后期，五凤转运供给成都的货物越来越多，又吸引了大批陕西籍商人来

◆广东广州南沙天后宫妈祖像

天津的"闽粤会馆"实际上是闽南和潮州的商人会馆，即仅限于闽南漳、泉二地的商人，福州帮、延邵帮等商人均不在内；潮帮中也仅包括潮州的商人，广东帮其他各地的商人也不在其内。天津"天后宫"的天后圣母娘娘在每年三月二十三日圣诞时，"闽粤会馆"的商人都要将天后圣驾接到"闽粤会馆"去接受香火。老天津卫的人们认为，天后本是福建林氏女，接驾到"闽粤会馆"，就好像民间接姑娘回娘家一般。这种最能体现人间亲情的举动，与天津卫人重视亲情的民间传统颇为吻合，所以，天津就俗传每年三月二十三，天后娘娘住娘家。后因"闽粤会馆"地势狭小，就将天后圣驾改接到如意庵，如意庵的道士依照民间传说，并加以附会，另在其后殿塑了一对翁媪神像，称之为天后的父母，从此天后住娘家的传说在民间流传越来越广。

风云会馆⑤
察祖花神求天治
共同尊奉渡众心

到这里。西商实力强，善经营，势力很快就超过了湖广商人。有了钱，陕西商人也想建会馆，勘察来勘察去，整个五凤风水最好的地方，正好就是湖广会馆禹王宫所居之处。那里坐北朝南，前临杨柳河，后依金凤山，且正处凤头，位置非常理想。于是，陕西籍人士便将禹王宫及其周围一大片土地全部买下。同是外乡人，同在五凤落业，陕西商人虽然生意做得

◆四川洛带湖广会馆

大，却并没有恃强凌弱的心思。他们找到了忐忑不安的湖广人，两地商人一合计，坏事变好事，最后盖成了两省合建、两馆合一的会馆。如今这座会馆，门楼戏楼正殿左侧殿左厢房为陕西会馆关圣宫，右侧殿右厢房则为湖广会馆禹王宫，大殿同时供奉夏禹和关圣帝，只在大门第一副对联保留禹王宫原大门的对联"神为万国九州主，人自三湘七泽来"。

　　四川籍移民会馆最常用的名称是川主宫、川主庙和二郎庙，主要供奉川主李冰和道教三清。昔时，有一说法流传民间，江西填两湖（湖南、湖北），两湖填四川，四川填两广（广东、广西）。后来，湖北人也迁移了不少的民众去四川，不过，四川人回迁武汉的也大有人在，为了在武汉落脚生根，回迁湖北的四川人在湖北，特别是武汉都建有自己的会馆。

　　越南中部古城会安的琼府（即海南）会馆是 1875 年琼籍华侨华人集资兴建的。正殿匾题"昭应殿"，现祀着 108 位蒙冤罹难的琼侨先辈。门廊的碑记中记述："昭应公者，琼侨百人罹难义士也……"据顺化琼府会馆和《1847 年至 1954 年之越南军民抗西侵军史》一书第三册分别记述：清咸丰元年（1851）夏，我琼清栏港猛头商船一号，驶往越南顺化等处通商。巡海之越南官兵，见运载甚丰，遂杀人夺财，并割耳鐏良报功。"当越王正拟赏奖之际，倏然心动手摇，笔落于地，头眩体倦，神昏座中"；"嗣德王乃令刑部密究其事……于是，杀人夺财之冤案得以大白，罪者判处极刑"。传说这 108 个冤魂日后成神，经常显灵保护出洋者平安。因此，当时的琼籍清朝户部主事，著名教育家、书法家潘孺初先

小贴士

生还专拟联："气至而伸者为神，从古英灵，多由冤魂；德施于人则宜祀，况同桑梓，又在他乡。"现在，居住在世界各地的琼籍侨胞和海南侨乡百姓逢年过节，都有祭祀"昭应公"（或称"兄弟公"）的习俗。

商人除崇拜关羽等乡土神为保护神外，还有许多会馆供奉自己的行业神祇，如牲畜行崇祀马王、火神，酒饭行供李白、杜康，铁行供老君，纸行供蔡伦，理发行供罗祖，油漆裱糊行供吴道子，修鞋行供孙膑，肉行供张飞，颜料行供梅葛二仙，茶行供三皇，洗皮行供河神，银钱行供金龙四大天王、金花圣母等。也有会馆多神共祭的现象。如临襄会馆内供协天大帝、增福财神、玄坛老爷、火德真君、酒仙尊神、菩萨尊神。

下面是北京的临襄会馆祭祀条规：

正月初二日，祭财神。

三月十五日，恭祭玄坛圣诞。

五月十三日，恭祭关帝圣诞。

六月二十二日、二十三日恭祭马王圣诞、火帝圣诞。

七月初一日，恭祭酱祖、醋姑。

七月二十二日，恭祭财神圣诞。

八月十八日，恭祭酒仙圣诞。

九月十八日，恭祭财神。

十月一日，祭神。

每岁阴历年终除夕日，恭祭列位圣神。

又如北京颜料会馆，"后院正殿为真武宫，帝君、关圣、玄坛财神列于左，梅葛仙翁列于右，东南前院，北殿则祀火帝星君神"。盛泽徽宁会馆中殿供关帝，东西供忠烈王、

东平王，殿东别院供朱熹。苏州潮州会馆供关帝、天后、观音大士，又别祀韩愈。会首于每年正月初一、十五都亲自到神殿来拈香三拜，并在祭祀神的诞日及春秋二祭，举行隆重的祭祀典礼。每当祭日、年初或其他吉庆日，会员都齐集馆内演戏设宴，"以敦亲睦之谊，以叙桑梓之乐"。同乡之人无论关系亲疏，熟识与否，营业异同，语同音，食同风，拜乡土神，演地方戏，亲不亲，故乡情，会馆祀神的氛围会解思亲之情、乡愁之苦。

这种多神祭拜的原因有两个：其一，当时人们认为"自古一艺一术，皆有神主之"，有神则拜，"礼多神不怪"，各方神灵都要祭拜，从全方位给予保护，一神不灵，则他神补之。这种多神共祭的现象正是会馆从业者传统功利态度的表现。

其二，中国历代统治者对神灵信仰一般采取宽容政策，对

小贴士

中国传统文化与区域文化：中国传统文化博大精深，源远流长，对多民族国家的形成和发展起到了巨大凝聚作用，其与中国人民创造的物质文明一起构成了享誉世界的中华文明。然而中国各地的区域文化千差万别，形态和内容各异。不同的区域文化影响了人们的价值取向和行为习惯，进而出现了方言差异、饮食差异、行为差异，甚至是精神面貌的差异。但中国传统文化以齐鲁文化、晋文化、楚湘文化为主体，综合不同民族和不同地区的文化现象，经过不断地融合与升华，形成了博大精深的中华文化。

于民间信仰，除了对某些过于荒诞之祀加以限制外，大都采取允许、放任，甚至鼓励的态度，加之没有统一宗教的思想限制，使会馆在奉神方面较为自由，选择何神来供奉较为随意。

明清时期的工商会馆的"敬神庥"活动不只是单纯的宗教活动，而与市场因素产生千丝万缕的联系。会馆从本质上讲是"馆"，是商人们聚会议事的行帮办事机构，而不是单纯的庙宇。商人们建造会馆并不是单纯地祭祀神灵，而是借助神灵来推进他们的商贸事业。使得会馆"敬神庥"的宗教活动同商人"谋商利"的市场需要结合在一起，促使会馆活动朝着服从商务活动需要的方向发展，呈现出"馆市合一"的发展趋势。

◆安徽徽州古城

三、祀神拜祖
意深远

　　会馆祀神主要是为了祈求神灵保护、联乡谊，以及对成员进行思想道德教化，使商人成为"诚商良贾"。

　　由于关羽被人们誉为具有"义薄云天"、"义利分明"、"义不苟取"、"信义昭著"、"言必忠信"、"信必笃敬"等传统美德，因此许多商帮不仅在店铺和家中供奉关羽，而且在各地会馆中为其修

◆福建莆田湄洲岛

殿，甚至有的地方把会馆建成"关帝庙"的形式，期望以此达到讲义气、笃乡谊，共同保卫集团利益的目的。

对于明清客籍他乡的商人，要在新的地方打开局面，站稳脚跟，除了同乡同行间互相关照，也要在买卖之间建立基本的信任感，这样关羽成为凝聚众商，以诚取信的象征。另一方面，商人在生意买卖场中，贩运有各种损耗失落，行业间有明争暗斗，再加上市场上行情瞬息万变，存在很大风险，此种不稳定的特性，也使他们需要一个神灵时刻加以保护。

因此，商人在外地建立会馆，崇祀诸神，其目的是联其情而洽其意，"桑梓萦怀，联乡谊于异地"，"尊帝即所以笃乡谊也"。崇祀诸神的目的就是增进同乡情谊，增强凝聚力，和睦互助，同舟共济。所谓"上酬神惠、下联乡情"，以达到"通省联为一契，敦重乡谊"的高级境界。由于祭祀的正神往往是同乡，很容易达到"庙貌兴乡威，而共处；神灵偕人心，以胥欢"的特殊功效。

◆福建泉州天后宫

一千多年来，特别是自宋徽宗以后，妈祖逐渐成为历代海洋贸易者、船工、海员、旅客、商人和渔民共同信奉的神祇，流布于福建、广东、台湾、海南、香港、澳门以及国内其他省份。

在台湾同胞心目中，妈祖的地位非常之高，影响也最为深刻。据统计，台湾的妈祖信众占其总人口的三分之二，至1930年年末，台湾妈祖庙有335座；1954年增至384座；据《台湾地区神明的由来》一书资料，目前台湾民间祀奉天上圣母为神的寺庙，已经超过900座之多。

澳门民间流传着这样一种说法："先有妈阁庙，后有澳门城。"虽然

澳门妈阁庙创建的确切年份至今未有定论，但可以肯定的是，葡萄牙人未登陆澳门时就有妈阁庙。甚至连澳门这个名字，也自妈祖而来。据说，400多年前，葡人从妈阁庙附近上岸后，问当地居民："这是什么地方？"因为语言不通，当地人回答说这里是"妈阁"。葡人误以为"妈阁"就是这里的地名，于是葡人把"妈阁"称为"Macau"，译成中文就是"澳门"。这一名称一直沿用至今。

后来，妈祖又随着华人足迹遍及全球，在日本、马来西亚、新加坡、泰国、印度尼西亚乃至法国巴黎、丹麦、南美的巴西等地，都建有供奉妈祖的庙宇。

到现在为止，全世界共有5000多座妈祖庙，2亿多妈祖信众，可以说，在华人世界里，凡是有海的地方，就有妈祖崇拜。沿海的商人们在会馆里祭祀共同的信仰妈祖，祈求她保佑平安的时候，心仿佛也被紧紧地连在了一起。

总之，会馆为了维护商人的利益，一方面通过公议会规对商人的经营活动进行约束，另一方面则以关公的"义气忠心"作为凝结同乡的精神支柱，并以关公的不取不义之财的气节，训练约束同籍商人，形成良好的商业道德，取缔见利忘义、欺人骗财的不义行为，

◆广东广州南沙天后宫

◆福建莆田湄洲岛

从思想上为规范市场秩序奠定了基础。可以说，会馆商业文化中的祀神文化现象，特别是对关公的崇拜，虽然带有封建迷信色彩，但对于确立商业道德，规范商业行为，弘扬民族精神，具有积极的作用与借鉴意义。

另外，会馆作为同乡会馆与关帝庙建筑的特殊结合体，对关公崇拜有加，是有深刻的社会背景和商人明确的目的和用意的。这迎合了封建统治者的正统思想。商业发展离不开各地官府保护与支持。康熙和乾隆皇帝出于同化汉人、巩固清王朝统治地位的目的而推崇关公，各地官府自然趋之若鹜。而把会馆建成敬奉关公的庙宇自然得到各地官府的大力支持，并成为接待官府人等的重要场所，商业活动也自此融入了主流社会。

值得一提的是各个会馆所祭祀诸神的来源，有儒家的也有佛家和道家的，也有为三者所共有的，还有历史上的一些著名人物。如轩辕、三皇在儒家祭祀范围内；梅、葛仙翁、河神、玉皇大帝、罗祖等为道教的神仙；关帝则为三教共同遵奉的。其他如李白、杜康、张飞、蔡伦等则是历史上的著名人物，由于小说等的描写成了某一行业的守护神。这些行业神，为商人的某一行业帮会所信奉，它们具有的共同特点就是诚信。由于重农抑商思想的长期存在，中国古代从事商业的个人或团体，更需要一种能够约束自我，博得消费者信任的有效机制，在相同且封闭的文化背景下，商业组织利用人们的共同信仰，组织起有效的商会组织，有利于商业的发展和整个社会对"商人"的理解和认识。

因此，以儒道释为根基的中国传统文化，对传统商业组织的信仰产生了巨大的影响。儒家思想中的等级财富拥有观、忠孝观、孚信思想、艰苦朴素等观念；道家的诚信观、盈虚观，道教的组织形式、忠孝思想、天人合一观；佛教的业报（因果报应）和六道轮回观；三教合流过程中关羽的忠孝神仙、财神、职业伦理的化身、佛教护法伽蓝；因地缘文化所形成的不同区域商帮的人文特点等，无不是各个商帮建立独特制度的内在文化因素。应该看到，在影响社会制度选择和变迁的诸多因素中，文化不但重要，而且是至关重要的。

说起关羽，海内外的华人几乎无人不知无人不晓。

关羽是山西解州人，三国时的蜀汉大将，历史上对关公最早的封谥，是曹操表封的汉寿亭侯。到后来历代皇帝屡屡加封，使得关公由侯而公，由公而王，由王而帝，由帝而圣，由圣而神。在皇家不断敕封和百姓的拥戴下，关公成了忠、义、仁、礼、智、信的楷模，同时他还以佛家的护法，道教的天尊以及儒家武圣人的身份，被三教及朝野供奉。

据统计，清末全国纪录在册的关帝庙不下几万座，远远多于孔庙的数量。明清以来全国各地的山陕会馆里几乎无一例外都供奉着关帝，关帝以其忠义仁勇，重义诚信以及明清朝廷的大力提倡，成为各地商帮共同供奉的保护神和财神。

2011年，摄制组在山西解州关帝祖庙记录古庙会和"关帝巡城"传统祭祀仪式，听当地百姓讲，这项传统活动最早始于宋徽宗年间，距今已有900年历史。最初的说法是"关帝巡城"是以关帝的神力驱除魔障，保护臣民，还有一种说法是四月初八为佛教始祖释迦牟尼生日，关公作为佛教的护法神，所以在此日巡城纪念佛祖，但我们认为更确信的说法是解州关帝庙在每年的农历四月初八举行药材大会，来自全国各地的药材商均云集于此，既祭拜了关公，又做了生意。

上午九点整，巡城活动开始，在迎神、敬俎、焚香、荐酒、恭读请神文之后，还表演了"人拉鼓车""高台花鼓"民俗展示。巡城开始后，沿途所到之处鼓乐声、鞭炮声此起彼伏，人们沿途跟随越聚越多，路边的商铺小店都在门前摆出贡品和关公像，虔诚恭敬之心溢于言表。人群中还有专程从台湾、福建前来的信众，其感人场面难以忘怀。我时常在想，神灵祭拜之于我们人类社会来说，是世界文化和中华文化重要的组成部分，人们需要精神信仰心灵图腾，人们需要心理排解和梦想寄托，传统文化引导人们凝神聚心、向善守德、重义轻利、诚信为天。回首相望，历史给予我们的经验教训太多太多，直面当下，国人丢失了传统的精神，汲取的文化信仰又太少太少。我们靠什么来戒除贪嗔恶欲，约束急功近利寡廉鲜耻呢？

巡城活动的第二天，摄制组全体在关帝祖庙崇宁殿前举行了祭拜关帝祈福仪式。解州关帝庙文管所常务副所长王兴中主持了仪式并向纪录片《风云会馆》出品人段金中先生赠送了开光关帝金身像，护佑剧组平安顺遂，拍摄成功。

美国芝加哥人类学博士焦戴维先生对遍布全球的关公崇拜说过这样一段话："我尊敬你们的这一位大神，他应该得到所有人的尊敬。他的仁义智勇直到现在仍有意义。仁就是爱心，义就是信誉，智就是文化，勇就是不怕困难。上帝的子民，如果都像你们的关公一样，我们的世界就会变得更加美丽。"

百年幻境水中影
他乡真情是一家
故人
往事心中百纳
过客
浔阳江头琵琶

俗话说：家有家规，国有国法；没有规矩，不成方圆。会馆规约是维系会馆组织的制度保证，是规范会馆成员行为的重要工具。会馆以其一定的规约来维护会馆的权威及活动秩序。没有相应的会规，会馆便难以存在，也就失去了存在的意义和基础。因而，各地的会馆组织无不以议定公约性质的会规为立会之本，通过制订和修改完善会规来发挥会馆的作用。

风云金融

6

玉成方圆求规矩
集体管理亦有道

一、协调矛盾
维权益

　　行商通过会馆整合了官府与商人、本帮商人与外帮商人的关系，使本帮商人的正当利益得到了保护，发生商务纠纷"理有所伸"，违反行规"错有所纠"，保证了市场的正常运行。

　　调停纷议不单是商业行会的特色，实际上更是中国人一般的习惯，行会的调停纷议也就是根据此习惯而来的。中国人向来以王道为最高理想，道德比法律甚至更为重要，因此一般人不愿意诉诸于法庭；即使在官厅接收诉讼时，若属于民事或商事方面，也一定会先试行调处，直到和解无望才会下判决，判决文亦往往用调停的文句。所以商业行会更是秉承这种精神，若是会员相互间发生争执时，常保持着调停的原则。

　　某次一中国人与外国人发生争执时，理方在中国人，但他很顽强地不理外人的申辩，于是这个外国人就向他所属的行会进行举报；他听后大惊，还没等到行会的调停便答应了这个外国人的请求。当事者对于行会的裁决，有时不一定要遵从，如果感到不服气也可上诉官厅办理。可是，如果当事者开始便呈诉官厅，这便是"越诉"，这是行会绝对禁止的。越诉后，如果官厅断案不公，当事者想要再将这个案

子放回行会进行处理，那是万万不可能的。更有甚者，有些行会甚至认定这种行为违反行规，可以强迫摈斥当事者，使之脱离行会。

这套商务纠纷仲裁程序，既节省了商人诉讼法律的诉讼成本，减少了官府的政务；又以商人特有的温和方式解决争端，无非罚饭一桌，罚戏三台，减少了商人之间的人际摩擦。买卖不成仁义在，充分表现了东方商人讲究人际和谐的机智，从而形成区域市场以会馆活动为转移的局面，在更高层次上显示了会馆在处理外部矛盾中不可或缺的地位。如河南社旗山陕会馆，据《中国文物小丛书——社旗山陕会馆》载，包括两省十九郡商贾，控制了全镇的经济命脉，凡义举、大型商务活动乃至社会治安等事宜，均以山陕会馆活动为向背，会馆兴衰直接影响着全镇经济的繁荣。以山陕会馆为首的商贾集团已将赊旗镇建成为

小贴士

归化城马王社是同城马车业者的会馆，因成立较早，社规废弛，外来车业者与会员勾结，抢劫乘客财物之事屡屡发生。宣统元年（1909）萨拉齐车业者来归化城后，与会首王玉柱勾结，胡作非为，会员忍无可忍，向当局起诉，经官方调查，罚外来车业者与王玉柱分别向马王社缴纳衮灯一对和挂灯一对，并向会员赔情道歉，对此事会馆刻石于海窟龙王庙内，无论外来者还是本会会员都必须恪守社规，以维持会员的利益。

政治、经济合二为一的客商坞堡。而在归化的包括山西、陕西等在内的会馆，据民国《灌县县志》载，其对外互相联合，几乎取代了官府的全部市政管理权，成为一方经济的实际垄断者。

此外行商在外经营，不可避免会发生与行内、行外之间的业务纠纷。因而，会馆又担任了调解者和仲裁者的角色。本行会员与他行会员发生争执时，由双方的董事出头交涉办理；若诉诸官厅，亦以董事作代表。在诉讼前，当值董事召集会员，报告事件的始末。会员承认后，行会代出诉讼费用的一半。

二、排除障碍
求发展

商业行会欲增进本行利益，就必须对自己的行业达到垄断，并排除一切障碍。为此，行会一般规定：第一，同业者须加入行会，入会时须缴纳行规所定的一切费用，否则不是会员，全体会员不能与之交易。以上海油豆饼业议整新规为例：如果想要继续在这一行业从事经营，就必须向行会缴纳公银。如果过期不予缴纳，那么以后就不能继续从事这一方面的商业活动。另外，为避免同业者相互竞争，买卖价格必须协定。北京各行会协定买卖价格的办法是这样的："帮口选举的会长确定商品的价格。银行帮的会长每天早晨确定各种货币和银钱的行情，而丝和棉制造商人帮口的总办，则于每天决定一次价格。有的商品——这种商品的价格变动得不很快——不是总办，而是帮员确定价格。所确定的价格算是最高的标准。商人有权利提高价格，但没有权利降低价格。帮口极严酷地惩罚那以低于所确定的价格出卖的人……"

厘捐又名厘金，是照货物原价抽取若干厘以助军饷的意思。咸丰三年（1853）太平天国军队占领南京，太常寺卿治军扬州，苦于军费不足，于是在江北仙女镇（运河要地，在扬州附近）创设一种内地税关，对往来商品课以叫"厘捐"的通过税。其后，胡林翼在湖南，左宗棠在湖北，均仿行此制，到同治至光绪年间普及于全国。本来，当初是说内乱平定后便撤废的；可是因为乱后财政困难，因此不但没有减少，反而有所增加，成为永久制。根据全汉升的《中国行会制度史》记载其征收方法有由厘金官署直接向货主征收的，这叫作散收。但如果长此以往，商人必然感到十分痛苦。因货物通过时，必须等候厘局的检查证明，但是这一过程往往会耗费很多时日。所以通过行会董事与厘局总办的交涉，最后决定概算本行一年输出入的货物，并按协定税额，每月纳入厘金局，由厘金局给以货物自由通行的证书；此后会员运货时，只需拿出这张证书，即可自由运送。

◆浙江宁波钱业会馆

《天下路程一体醒迷》又称《客商一览醒迷》，记载了明代二京十三布政司水陆路程，各地道路的起讫分合和水陆驿站名称，从商经验和商人训诫。《天下路程图引》汇集明代水陆路引100条，以记录水陆路线的站名、里距为主，兼及各地食宿、物产、风景等。

李刚教授认为明清之际中国传统市场发展到历史上的最高峰，集中表现为市场商品结构的转换和市场容量的扩大。我国人口到清代嘉庆年间，突破了徘徊在1亿人左右的局面，迅速增加到4亿左右。为满足迅速增长人口的衣食所需，传统市场商品结构和市场容量都发生了巨大变化。市场商品从贩运奢侈品转变为流通民生日用品为主，主要是粮食、盐、布匹等大宗商品的交换。市场容量突破了"十里不贩樵，百里不贩籴"的狭促局面，流通商品的数量动辄以亿计。据吴承明先生研究，鸦片战争前全国市场流通的商品计有：粮食122.5亿公斤，棉布31517万匹，茶260.5万担，盐16.25万公斤。运转

如此巨量的商品，在当时落后的交通运输条件下，必然使大量商民被裹入经商的浪潮中。以当时垄断西部贸易的陕西商帮来说，人数就非常多。仅泾阳一县分赴各地贸易的人数便"不知凡几"；清代陕北各县跑伊蒙草原的边商就20多万人，走西口经商垦殖的人口多达140万人；清代仅贵州江口贩盐的陕西盐商就有500多人。这些被裹入经商大军的从商人口，主体是因人多地少而从土地上游离出来的农民，他们大多数非经商世家，对市场和商业规则并不熟悉，不过依照本性，任意为之，使市场秩序表现出一定程度的混乱。这种情况从当时商人书写和出版的《士商规要》、《士商十要》、《工商切要》、《天下路程一体醒迷》等商业书，加强对从商人员的职业培训中可略见一斑。当大量对经商业务不够熟悉的新人涌入流通领域，他们行为的不规范性，会使市场秩序发生一定程度的扭曲和混乱，原先订立的行业规则也会因新人的冲击或时代变迁而失去其应有的功能，使市场呈现出高下失均的局面。对此必须加强市场的整顿力度，以保证传统市场的正常运行。

第二，李刚教授认为，当年司马迁就敏锐观察到"天下熙熙，皆为利来；天下攘攘，皆为利往"的市场利益刺激规则。到明清之际，随着商品经济的快速发展，商人们在更大范围内"多仰机利而食，俗杂好事，多贾治生不待危身取给"，使一些商人见利忘义、铤而走险，市场行为严重扭曲，各行各业普遍存在着不正当的竞争行为，严重扰乱了市场经济的正常进行，被人们惊叹为"人心不古，天下浇薄"。这些不正当竞争行为，概

括而论表现为：从事盐业经营的则"煎卤搀硝"，"错称短斛，任意低昂"；从事茶叶经营的则"浮秤抬价，货收潮湿"，"抹尾短算，贪价翻悔"；粮业则"搀糠下潮，指鹿为马，欺瞒买客"；灰业则"私贩悄卖，把持高抬"；丝业则"伪货搀杂，短斤混卖，加假索值，希图影射"；布业则"短尺窄箔，以长剪短，减削箔面，花纱稀头"；药业则"以次充好，私价诡盘"，"假药哄骗，诓买欺卖"；油业则"提不满斛，秤不平星"，"踩假卡买，欺瞒钻夺"；皮业则"轻出重入，欺骗客商"，凡此种种，不一而足。

再加上牙行经济把持垄断，巧取豪夺，使市场经济难以得到顺畅发展。牙行为商人买卖双方说合成交，收取佣金，是市场经济下合情合理的正当行为，受到法律的保护和商人们的认可。但是，也有一些不法牙子，常常并未参与买卖双方的说合，凭空向商人索取佣金，损害商人的利益。而且，充当牙子的，多是地主恶霸，或流氓无赖之徒，以及"衙门胥役，多有更名捏姓，兼充牙行者"。根据一些碑刻资料记载，这些人"倚势作奸，垄断取利，必致鱼肉商民。被害之人，又因其衙门情熟，莫取申诉，其为市廛之蠹，尤非寻常"。因此，对

小贴士

牙行，又称牙纪、经纪，它是封建社会商品交换发展到一定阶段的产物。牙行是经地方政府批准发照设立的，各行有各行的牙行，其职能主要是"同度量，而评物价，懋迁有无，民用攸赖"，并且还负责代官府征税。

于不法牙子的侵权行为，单个商人是无力与其抗争的，只有建立会馆，依靠集体力量，才能打击牙纪的不法行为，会馆碑刻多有这方面的记载。

陕西南北水陆交通枢纽的龙驹寨市场，就是因奸牙图利，从中阻挠而几起几落。明初龙驹寨据史料记载是"水走襄汉，陆入关辅，千户成墟，万蹄通货，巨镇也"，后来因为临近水边，常常遭受水灾。当地百姓就变身为牙商，征收牙捐，又"争利拘法，杀命图赖"，导致市场日益萧索。后来经官府干预，市场才稍有所恢复。不久贪牙又与绅士豪右私下勾结，将厘金增加了十倍，致使商贾在高额的厘金面前只能望洋兴叹，从此不在此处交易。

这些都说明，在利益杠杆的驱使下，

一些商品生产者昧良罔法，奸商日多，严重干扰了市场运作的正常秩序。通过制定行规业律的市场规则，整合市场不正当竞争行为，成为市场正常发育的当务之急，自古以来，能工巧匠都知道无规矩不成方圆。行商坐贾也一样是没有事先规定好的条款，无法打击奸商的行为。所以各行各业的贸易都是有自己的行规的。

山西在北京建有河东烟行会馆，乾隆时由于"易州烟庄牙侩为好，行中不通交易者几乎经年"，后来依靠会馆力量与牙行交涉遂获胜利。民国二十一年（1932）临襄会馆《山右临襄会馆为油市成立始末缘由专事记载碑记》中记载：京师临襄会馆的油市，成立已数百年，"并未受经牙佣之影响。乃有民国初年，忽有油市专行

風雲公館
玉成方圓求規矩
集體管理市街道

◆浙江南浔丝业公会

之设。系匪人行贿临时当道，自称京兆财政分厅所，勒令我油市即时停止，由彼估价买卖，授受牙佣。该行纯系希图渔利，垄断把持。当由吾市经理诸公，力为反对，指为巧立名称，誓难承认。方始设法推翻，而同行并未受任何摇动，实亦前辈及经理人办理得当。后有牙行种种事由发生，经会馆同人提议，公推同行代表数人，遇有应行改革之事，即代表诸公，协同整理，保我市面"。

又有晋省商人在京开设纸张颜料、干果、烟行各号等，夙敦乡谊，共守成规。《京师正阳门外打磨厂临汾乡祠公会碑记》中载：光绪八年（1882）12 月，有牙行六吉、六合、广豫三店，突兴讹赖之举，凡各行由天津买运京之货，每件欲打用银二钱。众行未依，伊即在宛平县将晋商纸行星记、洪吉、源吉、敬记四号先行控告。光绪九年（1883）4 月，有晋商干果行之永顺义、颜料行之全升李、烟行之德泰厚等，在大兴区将牙行呈控。五月内，经大、宛两公会讯断结。谕令纸张众行等，各守旧章；并不准牙行妄生枝节。须颁发告示，各持为凭……凡我同人，无不实深感激。自今以往，

倘牙行再生事端，或崇文门税务另行讹诈，除私事不理外，凡涉同行公事，一行出首，众行俱宜帮助资力，不可借端推诿，致失和气，使相友相助，不起半点之风波。同泽同胞，永固万年之生业。"

可见，会馆在抵制牙行勒索，维护同乡商人利益方面也发挥了一定作用。

同时，中国官府对市场管理的自由放任政策，使中国商人不得不自我约束，通过整合市场秩序来为自己营造比较良好的市场氛围。李刚教授在《论明清工商会馆在整合市场秩序中的作用》中论述到，中国古代的政府虽然长期以来在宏观上实行"重农抑商"政策，将商品经济限制在自然经济所能容忍的范围之内。但对市场的具体运作，官府则采取了不过多干涉的自由放任态度，特别是宋元以后突破了"坊市制"，实行"临街设市"的自由设市制度后，官府对市场内的管束更加粗放，对此乾隆皇帝有十分清醒的认识，他说："大概市井之事，当听民间自由流通，一经官办，本求有益于民，而奉行未协，较多轩格"。反映了封建统治者对市场发展规律的初步认识。在朝廷的意旨下，各地方官吏亦对商贾之市不多干预，任其自生自灭。对此，清代署理钱塘知县对上级的禀文中有一段精彩议论："今各

处贸易，皆有定规……此皆俗例，而非官例，私禁而非官禁，地方官要不能不俯仰舆情，若欲稍事更张，则讼争蜂起，曰坐堂皇，亦有应接不暇之势"。因此，顺其自然是官府最明智的选择。在官府的自由放任政策下，天高皇帝远，不正当竞争行为得不到官府法律的有效制裁，市场亦不能在官府保护下正常发育。这便迫使中国传统商人不得不主要依靠自身的力量，通过制定行规业律来加强商业自律，以确保市场运作的有序展开，收取"敬业乐群"的经营效果。因此，明清以来商业行帮坐贾所制定的行规业律，虽有封建性的一面，却充分体现了中国传统商人要求市场自律和严格按照市场规律经营的敬业精神。

许多商人开始把市场规范运作提升到"贾道"，即市场发展规律的高度来认识。明代陕西商人康峦就把对不正当竞争的批评提到"贾道"的高度来认识，他认为"高价骗客"的行为是不知"贾道"的做法，以为可以通过高价获得利益，却不知最终是得不到长期利益的。只有按商业规则办事，才可以把自己的生意做大，收到比短期利益多得多的效益。以上种种说明，明清时代商品经济和传统市场的发展，使整合市场秩序成为社会经济发

◆河南社旗厘金局

151

展的迫切要求。在官府自由放任的政策下，作为行帮办事机构和商人自治团体的会馆，便不得不承担起整合市场秩序的任务，成为代替官府行使"工商管理权"的准官方社会组织。对此《钱江会馆碑》有真切的说明："查商贾捐资，建设会馆，所以便往还而通贸易，或存货于私，或客息于斯，诚为集商经营时不可缺之所。"

商人利用会馆这一合法形式团结起来相互支持，既与其他商帮竞争，又联合抵制官府的肆意压榨。又如嘉庆十九年（1814）洛阳税收部门提高对潞泽梭布商人的税收，引起晋商不满。潞泽会馆以商团名义告至官府，历时一年，几经周折，终于胜诉，减免了税收。此事使晋商在洛阳声势大振，买卖倍加红火，逐渐左右了洛阳商业市场。商业活动，纳税付佣，理应恪遵。如果税吏任意改革税率，或者不经牙行中介而要强行收取佣金，必然损害商人利益，各地会馆对外抗争不仅要对税吏而且还要对牙行不合理的收费进行长期的抗争。

三、整顿市场
维秩序

韩晓莉在《新旧之间：近代山西的商会与行会》中论述到，稳定有序的市场秩序是经商的重要保障。在官府自由放任的政策下，作为行帮办事机构和商人自治团体的晋商会馆，也不得不部分地承担起整合市场秩序的任务，成为弥补官府"工商管理权"不足的特定组织。

商业竞争必然会带来业务上的纠纷，商人之间的纠纷一般不愿通过官府来解决，于是会馆就有了调停诉讼、处理商务纠纷的责任。清末，市场上的不法之徒，私造沙板钱，冒充法定制钱流通。归化城一带到光绪年间，沙钱越来越多。为了维护经济秩序，归化城各会馆组织积极配合当局，整理货币。经各会馆组织负责人协商，决定在三贤庙内设立交换所，让人们以同等重量的沙钱换取足值制钱，并将沙钱熔毁，铸成铜碑一块，立于三贤庙内，上书"严禁沙钱碑"。还有海窟

小贴士

沙钱是指质地粗劣的小铜钱。一般为民间私铸，流通性不高。

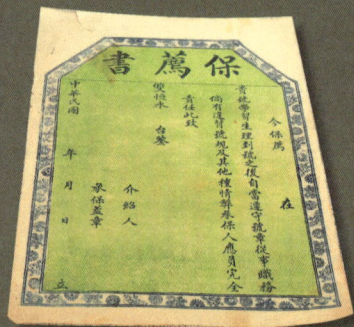

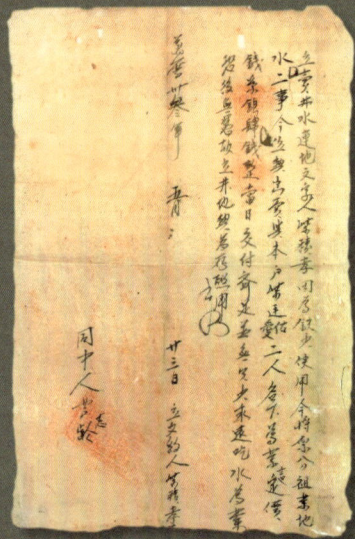

龙王庙内《重整四农民社碑记》所述关于处理商人使用短百钱问题的情况，南茶坊关帝庙内《整立钱法序》所述对钱业组织宝丰社短百钱抽拔整理情况等。由这些碑刻可以看出，会馆在整顿市场秩序方面发挥了一定的作用。

李刚教授进一步举例，清代河南南阳赊旗县山陕会馆雍正二年（1724）刻立的《同行商贾公议戥秤定规矩》，就详细记载了制定戥秤规则的原因是"赊旗店四方客商集货兴贩之墟，原初码头买卖行户有数家，年来人烟稠多，开张卖载者二十余家"，商务发达后，竞争激烈，个别商户行为扭曲，"其间既有改换戥秤大小不一，独网其利"。为了维护正当竞争和正常经营秩序，使"同行有和气之雅，宾主无乖戾之情"，同行商人齐聚关帝庙公议"秤足十六两，戥依天平为则，庶乎较准均匀者，公平无私，俱各遵依更换犯此者，罚戏三台，如不遵者，举称禀官究治"，为使规则合法有效，"同众禀明县主蔡老爷批均，喻永除大弊"。此碑立于雍正二年（1724），后因战乱的破坏，碑刻被毁。同治元年（1862）又重刻立碑，说明会馆对于统一戥秤的重视。

黄鉴晖等编写的《山西票号史料（修订本）》记载，道光八年（1828）在北京的颜料会馆制定会规称："前因行中往来交易。秤砝之说，多有扰古。因此公立行评四杆，俱以交准，彼时来置银砝。后来人心屡有不顾，因而公议，新置银砝四块，每块重五十两分，派四城公用。日后行中交易，银价俱以新置银公砝直兑，决无异说。今因行中前有旧规，相油一事议定。外来之油，诚献行庙香资钱三钱，以备神前供用。立

公議滬上售花公所條規十四則

一花船到申，先請公所驗明幹潔，即發驗單，方能出售。如遇潮、次，將貨提棧進關，俟復驗幹燥，然後補單入市。

一公所備辦司馬秤、英商公磅，每逢禮拜，公同校準，買賣用此過卸，以昭劃一。

一滬上花行素有充通名目，近更有將次貨必通、崇、海名牌，蒙售。自後察出，由公所稟官，吊帖理究，以儆混珠。

一搆客須由公所擇定挂名，方準經手，其搆用由公所給發，不得增減。

一售花成交，即由公所登簿填明交單，買賣各執一紙，成單由公所蓋戳，回單請買客蓋戳，成單交過，漲落無悔。

一過秤之日爲始，即收十天期莊票，如有支票，一概不收。

一成交言定何日發貨，注明成單，倘有逾期不收，將貨上棧，即持棧單收銀。

一交貨由搆客執秤，公平過秤後，貨歸買客自理。

一公費：花衣每擔提洋五分，子花每擔提洋二分。通、海由本地董事經收，按月解申，崇境因南北隔江，即由滬上公所經收，一并存莊生息，以備公用。候公費充裕，公議酌減。至公所收支，每年夏季刊發四柱清單，以資徵信。

一公所合請主董一人，三境各舉司年輪流更替，每年每境各派司年一人，公同公所事務。

一同業中如有暗中私售，不經公所，每包罰銀一兩，以充賑濟。

一大包花衣每包給洋一角，中包每包七分，子花每包三分。

规之后，大家悦均。"还有北京的山西票号在章程中阐述并规定："一人智慧无多，纵能争利亦无几何，不务其大者而为之。若能时相聚议，各抒所见，必能得巧机关，以获厚利。即或一人力所不及，彼此信义相孚，不难通力合作，以收集思广义之效。兹定于每月初一、十五两日为大会之期，准于上午十一钟聚会，下午一钟散会，同业各家执事齐集到会，或有益于商务者，或有病于商务者，即可公平定议。如同业中有重要事宜，尽可由该号将情告之商会董事，派发传单随时定期集议。"

行会的规约，同业各店都必须得遵守。如果某店违反了行会的重要规则，或者做出了一些违反正常竞争的事情，行会最终

决定给予该会员除名的决定时，全体会员都应该与该店绝交，违者受罚，这叫作同盟绝交。据史料记载，如果除名后还不足以泄其愤，也许还会施以暴行。不过一般说来，除名已经是行会违规者制裁的极点。因犯者受除名处分后，失却任何方面的保护，东既无以为生，西亦难以做活，其后果是可想而知的。

同盟绝交不单是行会制裁会员的手段，而且是用来与外界人员或官厅对抗的有效武器。上海杂谷业公议："成盘之货，设有行家客帮，有意不交，及纠葛一切，显违公论者，本帮会齐与该行号停止交易；捎客经手，连月停止。俟前事了结，再行开交。"外国商人有雄厚的资本及强盛的祖国作后援，但若与中国的行会抗争，而受到后者同盟绝交的待遇时，结果往往失败。例如在1883年时，汉口的外国籍茶商与华籍茶商起了争执，外

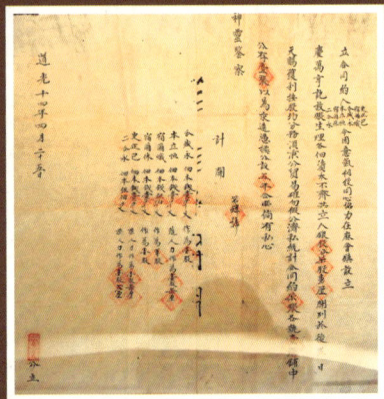

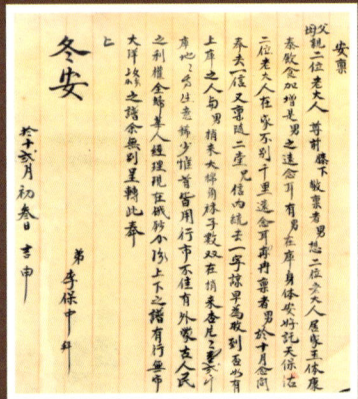

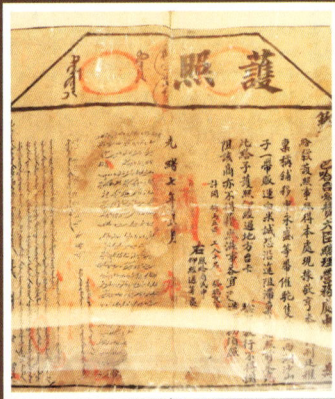

商议决不买，华商议决不卖，茶业公所并发出通告，与外商完全断绝经济关系。华商方面的制茶工场、贩卖场、经理人、装卸货工人等，凡与茶业有关系的人员联络在一起，做大规模的同盟绝交运动，结果外商颇受损失。中国官厅一向有其专制的威力，但若遇到行会的同盟绝交（此地应作同盟抵制或罢业），也不得不屈服。平定太平天国运动和平定陕甘回变之后，威望赫赫的左宗棠做两江总督时，因经费缺乏，新发盐票十五万道，但因两淮盐商的反对，只发行了三万道便告中止。

小贴士

左宗棠（1812年11月10日—1885年9月5日），汉族，字季高，湖南湘阴人，号湘上农人，晚清重臣，军事家、政治家、著名湘军将领。一生经历了湘军平定太平天国运动、洋务运动，镇压陕甘回变和收复新疆等重要历史事件。自幼聪颖，14岁考童子试中第一名，曾写下"身无半文，心忧天下；手释万卷，神交古人"的对联以铭心志。

小贴士

　　明清两代，祁县商业繁荣，闻名遐迩。早在明代中期以后，祁县商人便结成了财力雄厚人数众多的祁县商帮。清代以来更有了长足的发展。祁县商帮的商号票号遍布国内通都大邑，水旱码头，甚至远至俄国的西伯利亚、莫斯科，日本的东京、神户、大阪，朝鲜的平壤、仁川以及南洋各地，号称"汇通天下"。故有"金祁县"之称。祁帮商人是我国清代商界一支劲旅，而渠氏是祁帮商人中资财最大的一户，他们的茶庄"长裕川"声名卓著，票号"三晋源"汇通天下。

　　福建省闽北地区武夷山脚下的下梅村是个充满传奇故事历史沧桑的古村落。剧组初到时，古朴怀旧的古民居，安详憨厚的村民，沉稳流动的河流，沁人心脾的茶香，恍如隔世岁月穿越，幻影移梦回到历史，静得令人心醉，美得让人窒息……

　　在中国历史上众多的商路中，"万里茶路"是其中重要的一条，它的起点就是武夷山崇安县的下梅村。装满茶叶的竹筏、木船沿着当溪水路从下梅村出发，先到江西河口古镇，再水运经由汉口、襄樊经唐河至河南赊店（社旗）古镇，由此转陆路由马帮驮运，经由洛阳进山西晋城、长治、祁县，再经过太原、大同到河北张家口到达归化。在此转换驼队，穿越千里大漠，最后运至俄罗斯的恰克图。《崇安县志》记载："康熙十九年间，其时武夷茶市集崇安下梅，盛时每日行伐三百艘，转运不绝。"

　　当然茶叶之路也并非当初运到俄罗斯恰克图的一条，在1757年也就是乾隆二十二年，清政府实行第二次海禁，规定只许广州港对外通商，于是商人便从福建下梅村赤石码头装船，沿当溪入闽江至福州再海运到广州，再从广州装大船，运到南洋和欧美等国。

　　现在的下梅村仍能看到许多昔日繁华留下来的文物古迹，像闽民巨富邹氏祠堂和邹氏大夫第，沿当溪还散落着一些商贾巨富的宅第、豪墅，其精美的建筑装饰风格仍依稀看到昔日的奢华和显赫。

　　而说到下梅村，山西人的影子在这里留下深刻印证。现在山西的常家庄园里记载着他们在武夷山下梅村创业起家的历史，是常家买下了下梅村附近所有的荒山种植茶叶。是常家影响到晋商巨贾的乔家、渠家、范家等纷纷在此涉猎茶叶生意，每到清明前，当地的官吏和百姓都会鸣炮郊迎这些"财神"们。清代《武夷茶诗》写道："腰缠百万赴夷山，主客联欢过大关。一事相传堪告语，竹梢压的锦标还。"应该说晋商"敢为天下先"的精神，与闽商的"爱拼才会赢"的思想有异曲同工之妙，万里茶路串联起中国商人骨血相传的共同梦想。

　　再回首下梅村，现在似乎只剩下空寂和萧条，但历史的可贵就在于拂去繁华与窥视，用理性的真实和哲学的反思，在浩如烟海的岁月碎片中，找寻我们曾经丢失的一点点传统，一点点精神，一点点质朴和一点点梦想，除此，你还想要什么呢？

执着行走

黑夜并不可怕

只因心中燃烧着永不熄灭的焰火

照亮归乡的路途

会馆作为商业性组织，不仅在规范市场秩序、维护商人利益、协调商业纠纷等方面发挥作用，更注重思想教化，认为"百行买卖，厚其生，利其用，未有不先正其德者"。从思想和道德层面进行一些制度设计，以此来达到诚商教育的目的。一般而言，会馆在营造诚商理念的过程中，更多的是通过对神灵的祭拜和各种不同的机会和形式，潜移默化地树立商人们敬业、重名、乐群的经营理念。

7 风云金馆

忠信参天育诚商
仁义千秋和为本

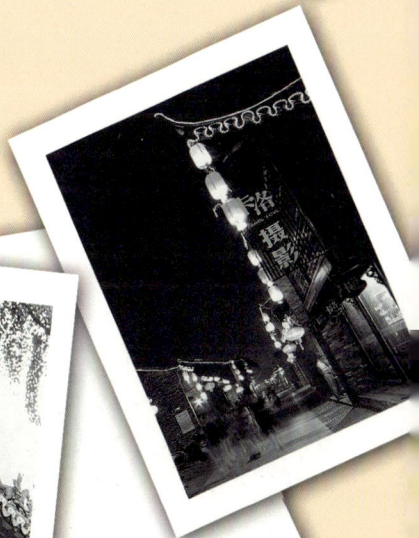

一、诚商教育
义为先

李刚教授认为神灵祀拜是会馆进行"诚商"思想教化的重要内容。市场经济下，竞争激烈，风险很大，人们很难掌握自己的命运，便把祈祷经营和顺、经商发财的愿望寄托在神灵身上，企冀神灵保佑营谋和顺，发财致富。而会馆正是抓住商人敬畏神灵的心理需求，通过祀拜本乡或本行业神灵的活动，来从思想上规范市场行为，制裁不规范举措。对此泌阳山陕会馆《重修关帝庙碑》有明晰说明，"商

◆河南洛阳山陕会馆

贾……去父母之帮，流离于千里之外，身于家相睽，财于命相关，惜灾祸之消除，惟仰赖神明之福佑，故竭力供奉"。对那些"或有相欺相诈者，因质诸神明以为凭"。因此，明清时代的山陕会馆多祀拜关羽，山陕会馆一般被称为"关帝庙"或"三义宫"。这不仅因为关公是山西人，陕西是关公改姓之地，也不仅因为关公是武财神，更重要的是关公身上所体现的忠义不二、匡扶正气的人文精神，以及关公封金挂印，不取不义之财，又神勇无比的人格力量，正符合商人期盼经营和顺的现实需要。山陕商人祀拜关公，不仅可以效法关公舍利取义，剪除不义之徒的忠义之举，又会匡扶正义，讲究

◆山东聊城山陕会馆

义气，保佑商人平安发财。因此，山陕会馆多以关公的"义气忠心"作为凝结同乡的精神支柱，并以关公的不取不义之财的气节，训练约束同籍商人，形成良好的商业道德，取缔见利忘义、欺人骗财的不义行为，从思想上为整合市场秩序奠定了基础。营造"诚信"的会馆文化氛围，使商人在参加会馆活动时，从各方面感受"诚信"文化的教育，树立诚商良贾的市场形象，是会馆进行思想教化的又一内容。

明清商业会馆在会馆设计、会馆文化装饰方面，刻意突出"诚信"的中国优良传统

商业道德。无论砖雕、木刻、石雕，处处洋溢着商家"以诚为本，以信取利"的价值观念，使商人在参加会馆活动时，处于民族优良文化的包围之中，于潜移默化中既陶冶了情操，又提升了精神素质。可以山东聊城山陕会馆为例。聊城山陕会馆山门上端正地书写着"履中"、"蹈和"四个斗大的字，告诫商人做生意要按规律办事，不可投机取巧，要以和为贵。入山门而为戏楼，其外侧檐柱上的楹联为"结五万春花，奏雅宣和，无戾风骚称杰俊；谱大千秋色，镂金错彩，有裨世教既前观"。其意思是告诫商人，这精美的舞台上演奏的是无害社会风气的美妙乐章；观看这样的剧目，既有利于教化人们的传统观念，又有益于人们思想道德的修养，其文化教育的用心良苦可见一斑。戏台对面为关帝大殿，外柱上楹联书"升必杀身成仁，问我辈谁全节义；谩说经世致用，笑书生空谈春秋"，告诫商人不必空喊杀身取义，谁能像关公那样节义双全，以节制自身的市场行为，符合节义的精神要求。并在楹联上方雕刻有老子和八仙人物以及神仙传、行孝图等传统故事，召唤商人按儒家传统约束自己的行为，不可做不仁不义之事。正殿北面的"财神殿"，楹联上刻有"德兆埠财，萃万国物华天宝；行以涉利，庆忆一时海晏清风"，其意思是告诫商人要有好的商业道德，才会发财致富；要靠好的市场行为，才能获取丰厚的利润，以庆贺天下太平。并在各类雕刻上镌有"公平交易"、"言不二价"的传统文字。置身于其间，使人笼罩于浓郁的"诚信"文化的包围之中，处处感受到传统优秀文化的召唤力量，这对整合市场不正当竞争行为，提倡"诚信"的商业道德起了很好的思想教育作用。

明、清两代，商品经济不断发展。各省商人旅居济宁，开业经营者与日俱增，不仅沟通了南北、东西之间的物资交流，同时也促进了不同省区文化的相互传播与渗透。这里成了江南苏、徽、浙、鄂等省与江北豫、冀、鲁、陕等省商人聚会交易的中心，更是外埠商人聚居之地。同籍者为了定期聚会议事，协调关系，交流信息，互助互利，增强凝聚力，以扩大影响，因而组织同乡会并建立会馆、公所。据史料记载，明中叶就有外省商人在济宁建立会馆。济宁城早期会馆当数明代天启年间建立的浙江会馆、安徽会馆、福建会馆；另外，还有清代乾隆年间建立的三省会馆，道光年间建立的湖南会馆，及清代中期建立的金陵会馆、江西会馆。据不完全统计，至道光年间济宁城区会馆达20多个。上述7处会馆从建筑年代、建筑规模、商业影响等方面颇具典型。

浙江会馆是浙江旅济同乡会建立的，创建于明代天启七年（1627）。同乡会成员大都是经营毛竹、绸缎、茶叶、稻米、桐油、杂货（包括糖、纸、柑橘、明矾、干果、扇伞、凉席等）、钟表行业的商人。会馆坐落在运河南岸，南关纸坊街东首路北，东靠清平巷，占地面积约7000平方米。江南建筑风格的大门三间，前面采用砖砌牌楼式，飞檐翘角，檐下砖雕人物故事，生动逼真，门楣正中嵌石匾一方，上刻"浙江会馆"四字。大门外侧分列大型石狮和石基座旗杆各一对，雕工精致。门两侧水磨青砖砌筑的院墙上嵌装着动物、花草图案的砖雕，一座大型砖雕照壁建在路南，与大门隔街相对，很有气势。会馆内建筑格局分为三部分，即正院和东、西跨院，相互间有护墙隔开，又有角门相通。正院通道两旁，各建鼓吹亭一座，节日祀神在此奏乐，向北是舞楼（戏楼），又名万年台，坐南面北，高约八米，面阔三间，深进三间，上盖筒瓦，彩绘梁檩，华美富丽。每当节日祀神，请戏班来此演唱，附近各街道居民，纷纷前来观看。过戏楼即是正院，北面正中建硬山式关帝殿，面阔三间，深进三间，上盖筒瓦龙吻，前有卷棚，四抹格扇门。殿内彩塑关羽坐像和关平、周仓立像，据说出自明代江南著名塑像家之手。大殿后壁正中高悬金色牌匾，墨书"义烈千秋"四个大字，是清代乾隆时翰林院侍讲学士、著名学者钱大昕书写。大殿两厢是东、西配厅各五间，深进三间，前有卷，四抹格扇门，宽敞明亮，平时同乡在此议事，节日饮宴。东配厅后面是东跨院，北面瓦房两间，寄放灵柩，东院墙上开角门通向清平巷街。西配厅后面的西跨院较大，北面有瓦房两排各三间。供管理人员居住和招待过济浙江籍客商，院内可临时存放货物。因会馆地处运河南岸，每逢江船运货来济季节，会馆内外，商贾云集，热闹非常。农历七月十五日佛教盂兰盆会，按浙江习俗祭祀"河神"、"超度亡灵"，会馆请和尚诵经，夜晚在运河燃放七彩河灯，两岸观者如堵，万人空巷。他们经商贸易的宗旨：重信守义，崇敬关羽。浙江省商人自明清至民国年间，历经400年在济宁经商，商贸规模大，来往人员多，货物流通极为广泛，影响较大。

安徽会馆是安徽省旅游同乡会于明代天启年间创建的。它在济宁城区的外省会馆中是历史最悠久、规模最大的一处。坐落在济宁旧城南门外福瑞街（扁担街）北首路西，与江西

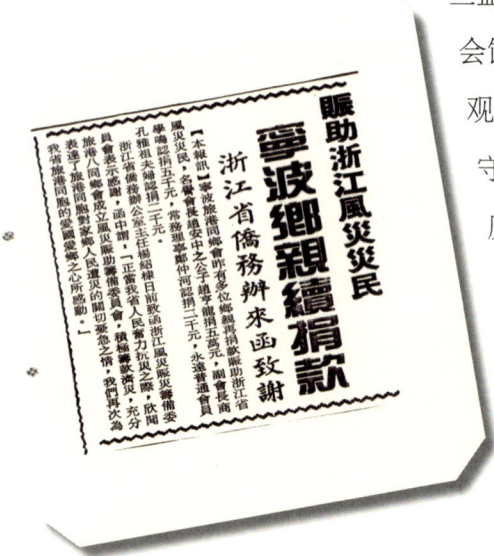

170

会馆紧邻。安徽会馆大门门楣高悬"安徽会馆"木质大匾，系李鸿章书写。前后七进院落，有厅、堂、楼室80余间，会馆后门通外塘子街路东。整个会馆建筑，充分体现了皖南建筑的气韵。安徽同乡会的成员主要经营的项目是：铜铁、有色金属原材料；农副产品包括茶叶、中药材、文房四宝（笔、墨、纸、砚）、毛竹、杂货等，这些行业中的徽帮商人，无论是行商和坐贾实力极为雄厚，财物殷实。

福建会馆是明代福建同乡会建立的，坐落在济宁旧城南关福瑞街（扁担街）中段。馆内建筑系闽南式风格，内有厅堂房舍约50间。四进院落，第四进院落设有货场，后门直通外塘子街路东。该会馆大门悬挂的匾额是林则徐在济宁任河道总督时题写的。福建

◆ 河南社旗福建会馆

同乡会成员主要经营木材、毛竹、竹器、漆器、海产品（鱼、虾、贝类等）、热带干鲜果品、杂货（蔗糖、笋干、银干、银耳、香菇、松香、茶叶等）、玉石雕刻。福建商人大部分为行商。他们以济宁城为货物集散中心，以此辐射济宁周边地区，生意颇为兴隆。

　　湖南会馆是湖南旅济同乡会成员于清道光年间集资创建的，因成员祖籍多在湖南七流域，故又名"沅江会馆"。馆址在济宁运河南岸税务街路南，会馆占地面积约5500平方米。湖南商人大都是经营陶瓷、竹木、桐油、夏布、杂货（茶叶、樟脑、松香、柑橘等）的。会馆建筑完全呈现出湘西民居建筑风格。因湘西民俗历来不拜关羽，故馆内无春秋堂。但

◆ 江苏扬州湖南会馆

湘西商人仍承继中国文化传统，在经营贸易上重礼义，守信用。湖广建筑风格的大门坐南向北，青瓦兽头滴水覆面，门洞内两侧护墙上设置神龛，门道两旁的抱鼓石高大光润，双扇黑漆大门铺首衔环。门楣上墨地金字大匾书写"沅江会馆"四字。门前设单扇板搭护门，以保安全。大门内是一东西狭长院落，条砖铺地。院内南侧砖砌影壁正对大门，氏鸟吻筒瓦盖顶，滴水檐下与基座砖雕凤鸟、护神、金钱、艾叶等花纹，十分精致。影壁东侧是南二门，向内即是会馆的主体建筑，分前、中、后三进院落；东院墙开一东二门，通往东跨院大门东侧的青瓦北房三间，作为管理人员的居室。南二门采用雀替驼峰，卷棚顶上布青筒瓦，门洞两房置方形石雕门跪，典雅大方，门内是前厅院，水磨方砖铺地，简洁严整。东西两侧青砖厢房各三间，为同乡会议事处。南大厅三间，前出厦，前墙是12扇木质屏风，下部雕饰二龙戏珠、松鹤梅鹿、花鸟猴兔等花纹，形象生动逼真。厅内供奉同乡各姓祖先牌位，年节定时祭祀，体现了湘西不祀"关圣"的风俗。南大厅后面是

上海豫园

方形中院，条砖铺地，周围不建房舍，作为节日搭结彩棚举行宴会的场地。中院东南有一角门通向后院。后院建四合青砖瓦房，每侧各三间，供湖南籍过往客商临时居住。经大门内的东二门可到东跨院，院落很大，只有北屋五间，东院墙上设后门，通向外塘子街。这里是湖南行商来济时买卖交易、存入货物的场所。每当湖南江船结帮由水路运货来济，各种土特产如竹木器、纸张、绸缎、湘绣、夏布、草帽、五金用具、工艺品及松香、莲子、水果等琳琅满目，都是北方需求的南路货。届时会馆打开后门，在东跨院直到街上设点批发零售，附近各县商贾云集，盛极一时。

金陵会馆是清代来自南京铜器行一商人和作坊主集资修建的。因南京地处长江南岸，故又叫"江南会馆"。他们的行业构成单纯，同乡会成员仅有 30 余家，财力有限，所建会馆规模较小，但是作为平时议事、年节祭祖、停放灵柩的场所，也能满足要求。会馆一切事务由金陵同乡会管理。同乡会在济宁城西南八里庙村，购置义地 12 亩 7 分，竖立"金陵墓地记"石碑，异地埋葬同乡无力运送原籍的灵柩。会馆坐落在运河南岸的税务街西首向北小金家胡铜路西。大门的门楼砌成元宝脊顶，体现江淮地区的建筑风格。大门内前院有砖砌影壁一座，二门坐北向南，双扇黑漆门，铺首衔环，门两侧的方形石雕门跪，上刻小狮，栩栩如生。进入二门即是正院，条砖铺地，十分整洁。北面大厅三间，前出抱厦，四抹格扇门，高敞雅致。大厅后壁正中，供奉同乡诸姓祖先牌位，年节举行祭祀礼。

◆江苏扬州文昌阁

◆江苏扬州东关街

江西会馆是江西旅济同乡会创建于清道光年间的，坐落在济宁南门外吉市口街南首路西。规模较大，六进院落，共有厅、堂、楼、室、仓房60余间，后门直通外塘子街。江西同乡会商人经营瓷器、茶叶、木材（杉木）、药材、夏布、夏货（席、帽、扇之类）、柑橘、蔗糖等，他们大多为行商，其货物发往济宁周边各地。运河废弃后，他们仍由铁路运货来济宁，生意相当兴隆。

此外，还有坐落在南门桥以西、运河南岸的"济阳会馆"，及运河南岸聚永巷里的"句容会馆"（系江苏句容县旅济商人所建），都规模较小。明清两代在济宁建立的会馆，汇集了各省大批商人，有些是祖祖辈辈在此经商。他们经营范围广，经营方式和手段高明，为活跃济宁的商业活动，促进商品经营的发展，繁荣济宁的城乡经济和辐射周边地区，起到了相当大的推动作用。旅居济宁的外省商人，因远离故土，身处异乡，视济宁为第二故乡，与济宁大地及生活在这方沃土上的父老乡亲建立了极其深厚的感情。旅居

◆云南会泽江西会馆

济宁的外省商人在意识形态方面，敬奉"关圣帝君"，强调互相之间"信义"为重，体现了中华民族的传统美德，从而维护了商业经营上的信誉。济宁会馆的建立，从一个侧面反映了济宁城市商业经济的空前繁荣，充分反映了济宁运河文化中商业文化的多样性、包容性。

二、逐利四海
忠与和

余秋雨先生在《抱愧山西》中说到，明清传统商帮逐利四海能如此成功的原因主要有以下几点。

其一，坦然从商。做商人就是做商人，这种心态，在中国长久未能普及。士、农、工、商，是人们心目中的社会定位序列，商人处于末位，虽不无钱财却地位卑贱，与仕途官场几乎绝缘。为此，许多人即便做了商人也竭力打扮成"儒商"，发了财则急忙办学，让子弟正正经经做个读书人。但骨子里的商人本性是一贯的。

汪宽也原名汪声洪，1866年，出生于休宁城北一个书香门第。少年汪宽也能诗擅文，才识过人。稍长，父亲却以"生齿日繁，家计日迫，不货殖不足以济贫"，而命其赴上海在叔祖汪厚庄开设的祥泰布店当学徒，由此，便开始了成就他一世功名的徽商生涯。

祥泰布店是上海滩十里洋场上鼎鼎有名的布号，汪宽也在学徒期间谨慎谦恭，恪尽职守，虽为无名小辈，却不失轩昂气宇。光绪二十三年（1897），店中主任

大盛魁商号是清代山西人开办的对蒙贸易的最大商号，极盛时有员工六七千人，商队骆驼近两万头，活动地区包括喀尔喀四大部、科布多、乌里雅苏台、库伦（今乌兰巴托）、恰克图、内蒙古各盟旗、新疆乌鲁木齐、库车、伊犁和俄国西伯利亚、莫斯科等地，其资本十分雄厚，声称其资产可用五十两重的银元宝，铺一条从库伦到北京的道路。大盛魁的创办人并不是什么富户大商，而是三个小贩。原来康熙时，清政府在平定准噶尔部噶尔丹的叛乱中，由于军队深入漠北，"其地不毛，间或无水，至瀚海等沙碛地方，运粮尤苦"，遂准商人随军贸易。在随军贸易的商人中，有三个肩挑小贩，即山西太谷县的王相卿和祁县的史大学、张杰。他们三人虽然资本少，业务不大，但买卖公道，服务周到，生意十分兴隆。清兵击溃噶尔丹军后，主力部队移驻大青山，部队供应由山西右玉杀虎口往过运送，他们三人便在杀虎口开了个商号，称吉盛堂。康熙末年改名为大盛魁，这就是大盛魁商号的创始经过。

乏人，店东汪厚庄独具慧眼，拔擢其担任主任之职。凭着平日学成的本领和天资，布店一经其打理即利市三倍。没过几年，就在沪南和沪北分别创办振大、鸿济典当，后又营造房屋无数。他还有创意地打造出专属于本号商标的"祥泰牌"毛蓝布及头巾、被单、青花蓝布帐等系列产品，不仅质优价廉，行销全国，还拓展到东南亚和欧洲等海外市场。以后又周而复始地为祥泰布店开启财源，所获巨利又多以铸成金砖、金叶的方式运回休宁贮备，使汪家一举成为休宁县的首富。

汪宽也在几十年的从商生活里，一直恪守着徽商前辈"以义取利"的信条。苏浙一带百姓历来以种棉织布为生，时值浙奉战争，当地百姓屋倒车（纺车）毁，田地荒芜，损失惨重。汪宽也满怀对军阀混战的义愤和对乡民的怜恤之情，一方面号召同业捐资济困，一方面带头以上海布业总公所的名义和威望，倡议各处布业同行，体恤灾民"流离失所、惨苦难言"的境遇，"由同业中集资散给乡民，俾使回里，仍事耕织"。同时又呈文农商部为灾民请免布税，得到批准。这样，不但百姓得以喘息，布业的经营也相对稳定了下来。

对于地方慈善事业和公益事业，汪宽也同样热心相助，慷慨解囊。任布业董事间，裁厘减税，奔走不息；任徽宁会馆董事期间，设养病院、造思归堂等，筹划周至；1914年休宁夹溪桥水毁重修工程缺银，汪宽也获悉后，随即发动上海的同乡，共同捐集银圆近两万元；1918年，休宁遭受百年未遇的洪灾，他又紧急采购西贡大米千担，运回家乡，平价售出，以赈济饥民。据史料记载，汪宽也还曾为保全城北观音阁、重筑林塘桥而多方捐助和奔走。

汪宽也泛舟商海几十年，无一失足。自然得益于他平素体健，但更重要的还在于他能敦厚持家，勤奋俭约。光绪二十六年（1900），汪宽也与二弟一同返乡省亲，不计费金颇多专门买下休宁西门一座大宅院，供父亲颐养天年。时值欧风东渐，商场中不懂外

文无从入手，汪宽也遂命长子汪启丰入英华书馆学习，年耗巨资而毫无所惜。1924年春，随着此前四子启智、五子启照的相继问世，汪宽也以人口太多，侨居沪地繁费无等而决作归计，带病携眷归里，并在很短时间内在北街筑起"志耕堂"屋宇，为一家老少安居。同年，在营葬完父母之后，又连续遭遇二弟、四弟、五弟相继去世，所遗细弱全由汪宽也一人张罗。生养死葬，尽礼尽爱；男女婚嫁，竭力照拂。其敦厚、仁慈之笃溢于言表。入冬后，汪宽也病得越来越厉害，以致步履维艰。腊月二十二日亥时，一代徽商汪宽也在故乡溘然长逝。人们为表达对他的无限哀思和敬佩，在本县举行了盛大的殡葬仪式。翌年，上海布业公所及全体同业合力为他铸铜像立于豫园湖心亭东侧，并撰文刻碑。至今，宽也先生的铜像原件仍完好保存于上海博物馆。

其二，目光远大。商人本来就是背井离乡的远行者，因此经商时很少有空间框范，而这正是商业文明与农业文明的本质差异。整个中国版图都在视野之内，谈论天南海北就像谈论街坊邻里，这种在地理空间上的心理优势，使商人最能发现各个地区在贸易上的强项和弱项、潜力和障碍，然后像下一盘围棋一样把它一一走通。

胡开文，字柱臣，号在丰，"胡开文"墨业创始人，清代四大徽墨宾之一，上庄村人。少年时去休宁县汪启茂墨店当学徒，诚实勤劳，精于店务，深得老板器重，被擢为推销员。在跑码头、奔商埠中含辛茹苦，为创业积蓄资金，后娶汪启茂之独生女为妻。乾隆三十年（1765）承顶汪启茂墨店，为创出高质量产品，挑选旧墨模中之精品，不惜巨资购买上等原料，聘良工刻模制墨。并取徽州府孔庙的"天开文苑"金匾中间两字，冠以姓氏，打出"胡开文墨庄"店号，在墨家如林中竞争，独占鳌头，获得厚利。后来又在屯溪设立销售分店，继而开设茶号、枣庄，置田产成为乡里巨富。天注贾而好儒，致富后，捐资得从九品，赐封奉直大夫。生八子，长子幼殇，三、六、七子为国学生。在乡里多行善事，独资修建上庄村观澜阁至杨林桥石板大路和竦岭半岭亭。

其三，讲究信义。众所周知，当时我国的金融信托事业并没有多少社会公证机制和

◆ 胡庆余堂学徒

监督机制，即便失信也几乎不存在惩处机制，因此一切全都依赖信誉和道义。金融信托事业的竞争，说到底是信誉和道义的竞争，而在这场竞争中，中国商人特别是山西商人长久地处于领先地位，他们竟能给远远近近的异乡人一种极其稳定的可靠感，这实在是很了不得的事情。商业同行相互间的道义和商业行为本身的道义加在一起，使中国商人给世界商业文明增添了不少人格意义上的光彩，也为中国思想史上历时千年的"义利之辩"提供了新的思路和视域。

胡光墉，生于1823年，字雪岩，安徽省绩溪县十都湖里村人。历经道光、咸丰、同治和光绪四朝，早年在杭州经营钱庄，后

◆ 浙江杭州胡氏故居

真不二价

堂餘慶

俾養而康　無收並蓄待用有餘　胡雪巖像　益壽引年長生集慶　飲和食德

◆浙江杭州胡庆余堂

183

协助左宗棠创办福州船政局，收复新疆伊犁，依靠湘军势力在全国广设当铺和银号，成为清代著名的"红顶商人"。他善于审时度势，以太平天国运动、洋务运动和西征筹边等重大活动为契机，苦心经营，拥有资产两千余万两白银，经营领域广达银号、钱庄、药号和丝业。他以令人叹服的心志、胆识和志入云霄的豪气，写下了中国商业史上最灿烂的一笔。白手起家，飞升江南"第一财神"。

胡雪岩以"济世救人"为办店宗旨，广纳名医，研制出"诸葛行军散"、"八宝红灵丹"、"藿香正气丸"等数十种中成良药，赠给受灾民众。在其全盛时期，胡庆余堂将救死扶伤的对象范围扩大到所有百姓。在胡雪岩的主持下，还推出十四大类成药，并免费赠送"辟瘟丹"、"痧药"等民家必备的太平药，并在《申报》上大做广告，让胡庆余堂声名远播。胡雪岩不耻下问、勇于探索，一个钱庄出身、不熟悉药业的人却写下了中国药业史上光彩夺目的一笔，推动了中国医药事业的发展。如今的胡庆余堂国药铺，不仅是保存最完整的清代徽派商业古建筑群，也成为国内规模较大的全面配制中成药的国药字号，饮誉中外，有民间"江南药王"之称，与北京的"同仁堂"药号相提并论。

在老扬州处处浸润和流淌着一种浓郁悠长的历史文化气息，美轮美奂的江南园林建筑瘦西湖、个园。精美极致、古风洋溢的盐商故居，御马头、南河下古街等遗迹，无不在诉说这个城市的古老和动人故事，特别是心仪已久的苏唱街得以揭开面纱走进我们好奇和探究的镜头里。

苏唱街是老扬州唯一保留下来的与戏曲艺人直接有关的街道，昆曲的源头在苏州，史称苏昆。当年这条古街上居留过不少唱苏昆的艺人，而最早在扬州办起第一个昆腔班的就是乾隆年间扬州盐商徐尚志，为了庆贺乾隆八十大寿，清廷征召徽班名旦高朗亭为首的"三庆班"进京，徽班进京出发前，一定要到苏唱街的梨园总局聚集，商量演出剧目和出发日程。由此揭开中国京剧萌生发展的序幕。在这条街巷曾建有祠堂——老郎堂，凡在扬州城里演出的剧团都必须先到老郎堂祀神挂牌，宗教仪式后再到司徒庙试演，名叫"挂衣"，做完仪式才可在扬州城登台演出。

纵观中国的戏曲发展史，除中华传统文化和历朝历代艺人戏伶的前仆后继，传承延续外，商人群体在其中的贡献功不可没。尤其是散布中华版图上大江南北、东西商道集镇、水路口岸、大大小小、星罗棋布的商业会馆，戏台建筑制式多种多样，剧风曲种多姿多彩、南北各异，极大地推动和促进了戏曲的兴盛和繁荣，同时也衍生出一批新的戏曲剧种与流派。

在古代历史上戏曲除了极大取悦满足封建皇帝的享乐快慰外，则更多植根于乡野村俗平民大众中。而作为新兴富裕集团的商人群体，使戏曲文化在神州中华走上高峰起到推波助澜的作用。由于在明清全国各大会馆中均建有戏台，因此，会馆内除定期为供奉神祇酬神敬戏外，更多的是为同乡及当地百姓摆场唱戏。会馆作为异地特殊的家和社会舞台，经常是南腔北调，你方唱罢我登场，有时会馆内的几个戏台同时开唱，热闹非凡。戏曲用它特有的文化标识，成为传承传统道德文化和地方民俗的载体，是思乡的情感宣泄，是故乡文化的传播。同时也化解协调了当地土客矛盾之争，起到了稳定基层社会群体，传播和谐社会能量的作用。所以我们说，会馆文化不仅是中国交通史、物流史和商贸史的产物，也是中国戏曲文化发展史的最好见证。

之于会馆与戏曲的关系，历史上老扬州前前后后建有会馆上百座，现存的有岭南会馆、嘉兴会馆、湖南会馆、江西会馆、湖北会馆、山陕会馆、四岸公所（湘、鄂、赣、皖）、安徽芜湖的旌德会馆、浙绍公所等遗存。

放之全国来说，有会馆的地方必有戏台，而有些会馆恰恰是专门从事戏曲和艺人们相聚的地方，如香港、广东一些地方的"八和会馆"，广东佛山建于明代的"琼花会馆"，北京前门外的"银号会馆"又名"正已祠"，山西运城永济的"梨园会馆"（已不存在），还有些现存国保级会馆以其精美的戏台建筑和丰富的戏曲内容成为"中国戏曲博物馆"，如江苏苏州的"全晋会馆"，安徽博州山陕会馆的"花戏楼"和天津的"广东会馆"等。

而今，重温"故人西辞黄鹤楼，烟花三月下扬州"行走在苏唱街狭窄弯曲的长巷里，旧物遗风已然不见，唯有那口勒出深深绳印的老井，似乎传出昨日故事中咿呀浅唱，喧哗热闹的声调，揉碎了一池百转千回的感伤。

现在，又到烟花三月时，此景、此物、此情，故人早已在梦里，新人何时能前来呢？

海上明月　渔舟唱晚
孤帆远影船上家
几度封闭开放
几番荣辱兴亡
丝路连缀起几代中国人的梦想
一个民族伟大复兴自立自强

张鸣先生《在历史的下降线行走》一书认为，传统商人热衷于通过软性的贿赂方式，实现跟官府及官员个人的结合，从而获得安全的保障以及分享垄断权力。为了达成这一目标不惜迂回曲折，通过地缘关系，以会馆之名借助资助举子，拐弯抹角地跟官员，尤其是高级官员搭上关系。寻求独占的一些利益及官员的庇护。

风云金融

8

律制真空求官权
个中是非世人评

一、官商结合
有渊源

　　北京南城，是会馆的天下。建会馆的都是商人，会馆的运作也是商人支持。由于发现这种会馆、试馆对于联络京官和培养举子、候补官员和正选官员跟商界的感情特别有效，于是会馆越办越多。

　　明朝中后期，各省在京会馆的多寡与一定的政治势力相联系，并反映其在京人数的多寡和政治势力的大小。当时在北京建立会馆最多的是商帮势力较小的江西，达 14 所，占会馆总数的 34%。这说明会馆的建立大多不是为了工商业，而是为了"同乡贵游"、"士绅"、"薄宦及士人"、"迁除应朝"、"公车岁贡"提供方便。但山西会馆则不然。在山西的 5 所会馆中，潞安会馆、平遥会馆、临汾东馆、山右会馆均为商人所建，只有临汾西馆一所为仕商共建。从创建者的身份可见，山西会馆建立的目的比较单纯，商业性质明显，主要作为商人自己的活动场所。

　　张鸣先生在《政商之间：会馆里演绎的历史活剧》中写到，官商之间的事儿，从来都是大事。自秦汉以来的封建制基本就确立了中国社会两大最有势力的群体，一是官，其中包括

候补和退休的，一是商，其中包括半农半商和半官半商。他们之间必然会发生各样关系。不过在一般人看来，官商之间没有什么好事，提到官商后面跟着就是勾结，勾结之后自然是坑害老百姓损害国家利益。

张鸣先生进而分析商人巴结官的原因，认为在官与商之间，官是绝对的强势，不仅握有公共资源可以通过商来分享，而且享有福人祸人的权柄。一个小小的七品芝麻官也是百里侯，人称"灭门县令"。纵使富甲王侯，也可能让你阴沟翻船，身死财空。反过来商人则处于绝对的弱势。不仅权势上无法与官抗衡，连自家的身份也带有道德上的污渍。在有市籍的时代自不必说，身份上就是准贱民。在有了正常的法律地位之后，明清"士农工商"商依然排在四民之末。商人勾搭官府到底是出于分享公共资源的动机多些，还是出于自保的动机多些，这还真是个问题。不管哪个原因多些，反正只要做买卖，就得跟官府和官员打交道，只要有个固定摊位，哪怕卖包子也得对衙役老爷赔个笑脸，忍受人家时不时白吃几个包子。大一点的商人，跟官府打交道，途径当然有很多，但有太多的限制。王朝政府对商人的道德歧视，无形中增大了商人与官员沟通的难度。官员接受商人的吃请，包括同赴妓馆青楼都可能受到都老

◆湖北武汉黄鹤楼

御馬頭

194

爷——明清之际的监察官的弹劾，上门送红包更是风险巨大，因为官衙就是官老爷的私邸。在任上的地方官都住在衙门里，难保不让人看见。即使让自己的属下知道了也大事不妙。这些书吏和衙役，原本就不是自己带来的，都憋着找正印官的茬，当作把柄便于操控，为自家舞弊提供机会。因此在那个时代，商人勾搭官员，双方必须是熟人至少得经过熟人的介绍，这样做起来保险。

徽州歙县棠樾世居鲍姓大族，乾隆年间族中有位少年奇才名叫鲍志道，字诚一，号肯园。他自幼读书，按他父亲的意思是要他日后参加科举考试走做官之路。但是，父亲虽业商但不善积财，家境并不宽裕。于是在 11 岁时，志道便中断学业，走上经商之路。

由于家贫，出门时志道身无分文。母亲便从箱柜底层拿出一直珍藏着的志道婴儿时的褓褓，将褓褓的虎头帽上配镶的那枚"康熙通宝"铜钱取下，给志道随身戴上，告诉他说："儿啊，这可是我们家仅剩的一文铜钱了。今天给了你，咱家的兴旺就要看你了啊！"志道眼含热泪，珍重地将这一文钱收在内衣夹层的口袋里，下定决心绝不让母亲失望。他想到母亲身体不好，弟弟又在读书，感到身上的担子很沉很沉……

志道几乎是一路乞讨到江西鄱阳，路上的辛苦自是不必说了。到鄱阳后，一边帮人

◆安徽歙县

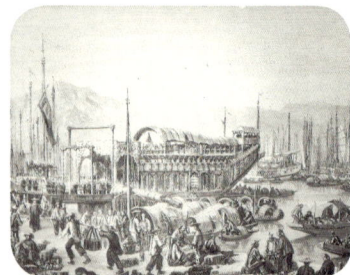

打工，一边学习会计。会计学成后，也积了一点钱，他离开鄱阳，来到浙江金华。在金华，他利用身上积攒的钱开始做些小生意，为寻找更好的市场，他从金华又到扬州，从扬州又转徙湖北，不断奔波，但始终未能找到一块立足之地。

◆江苏扬州瘦西湖

20 岁时，志道又一次来到扬州。十年的商场奔波，他逐渐成熟起来。"列一百二十行经商财货，润八万四千户人物风流"，扬州自古繁华，明清时期更是聚集了一大批富商巨贾，且徽州人占一大半。扬州的繁华，令志道目不暇接，他决心在此地一展宏图。

也是该他时来运转，这时一位歙县大盐商急需招聘一名经理，要求是能吃苦耐劳、精于核算。学过会计的鲍志道抓住机会，前去应聘。然而，这位大盐商在招聘中，出了一道让人意想不到的试题。第一天，面试之后，大盐商命伙计给每位应聘者一碗馄饨，说算是犒劳。吃完后，大盐商让各位回去准备第二天的考试。谁知，第二天盐商出了这样的几道题：请回答昨日你所吃的馄饨共有几只？有几种馅？每种馅又各有几只？应聘者被这样离奇的试题弄得目瞪口呆，有的摇头苦笑，有的后悔不已。然而鲍志道凭他十年从商的经验，昨日就预料到了那碗馄饨的不寻常，所以他对那碗馄饨作了细细地观察。

此时应付这几道题自然是得心应手。结果不必说，他被聘用了。

聘用后，经常和商场行家打交道，由于他肯于吃苦，勤于学习，业务素质迅速提高。凭他超人的经营才干，盐商的经营大为起色，他自己也得到了丰厚的报酬。

几年的积累，志道有了一定的经济基础，于是辞去了经理职务，决心自己开创事业。他瞄准了盐业经营，因为，一方面盐业是扬州的龙头行业，扬州所处的盐场是当时全国最大的盐场；另一方面盐业经营利润大。这几年的经理生涯，他早已摸熟了市场行情，结交了许多社会各界的朋友，建立起了个人人际关系网。这些使他的事业很快走向成功，家资累至巨万。而且，凭他的精明强干、处事公允、急公好义，在业界的声誉也是日益高涨。

恰好此时，清政府为了加强对盐商的控制，在盐商比较集中的地方设立盐务总商。鲍志道当之无愧地被选为总商。然而总商的角色并不好当，一方面，在政府眼里，盐商都是些富得流油的肥羊，总要想方设法进行搜刮。因此总商要代表众盐商利益与政

◆江苏扬州瘦西湖

府交涉、周旋。另一方面，他要不断解决盐商内部的矛盾，同时还要向政府反映众商人的愿望和要求。总之，总商处在政府和众盐商之间，双方谁也不能得罪，没有精明干练的处事能力是很难做到的。鲍志道担任总商，处事果断、公允，深受众盐商的拥护，也得到政府的赏识，因而他在总商职位上一干就达20年之久，声望显赫。

遥想当年，鲍志道怀揣一文钱出门经商，可以说一路备尝艰辛；在商场几十年摸爬滚打，辛酸的故事必不会少；总商虽说荣耀，但夹缝中做人，岂能是容易的事？问题在于，不论处在何种情况，他始终能立于不败之地。这不能不引起我们的思考、学习和借鉴。

张鸣先生认为一个新入道的商人，一则可以经过已经结交了官员的前辈商人做中介；一则可以通过资助家乡的儒生，看哪个有出息，是潜力股，先投资押宝；一则可以培养自己家的子弟读书，然后一步步考上去为官为宦。除了这些一个比一个效率低的渠道之外，明清之际官商之间还存在着一种非常有效而且特别为官员尤其是京官所喜的交往渠道，这就是会馆。到了清朝凡是本地商业稍有规模的府县都在北京设有会馆。会馆的建设由各地在京的官员参与但资金基本上来自商家，因为明清两代官员俸禄很低，京官捞钱的机会不多。即使有，由于京城目标明显，也没有人敢公然露富。许多出身科举的名人，都有过在会馆居住的历史。比如林则徐、曾国藩、李鸿章、康有为、梁启超、谭嗣同。

张鸣先生进一步分析到，直接帮助进京赶考的举子，比起从童生开始培养来，无疑是一项短线而且见效快的投资。因为所资助的对象基本上是处在科举台阶高端的人，步入仕途的概率相对较高，最差的也是参加乡试的生员，即使考不上

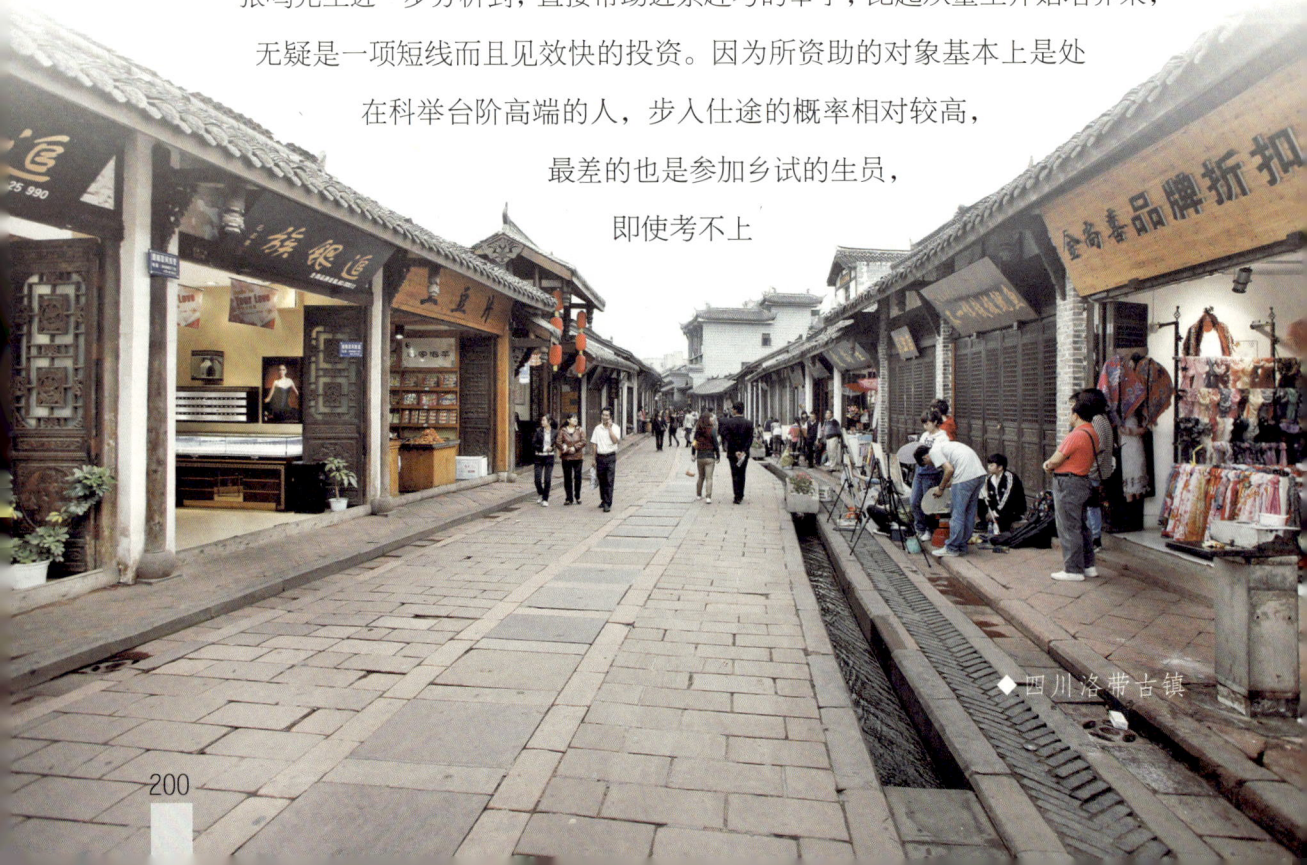

◆四川洛带古镇

200

　　乾隆年间的名臣陕西人王杰，就是住在长安会馆期间中的状元，这个状元，破了西北地区几百年的天荒。

◆江苏南京江南贡院

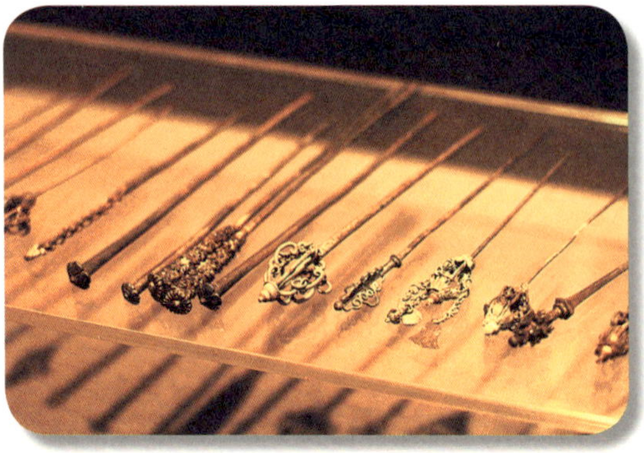

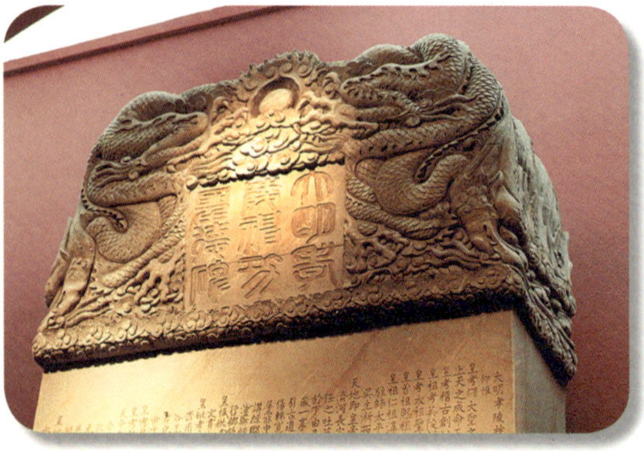

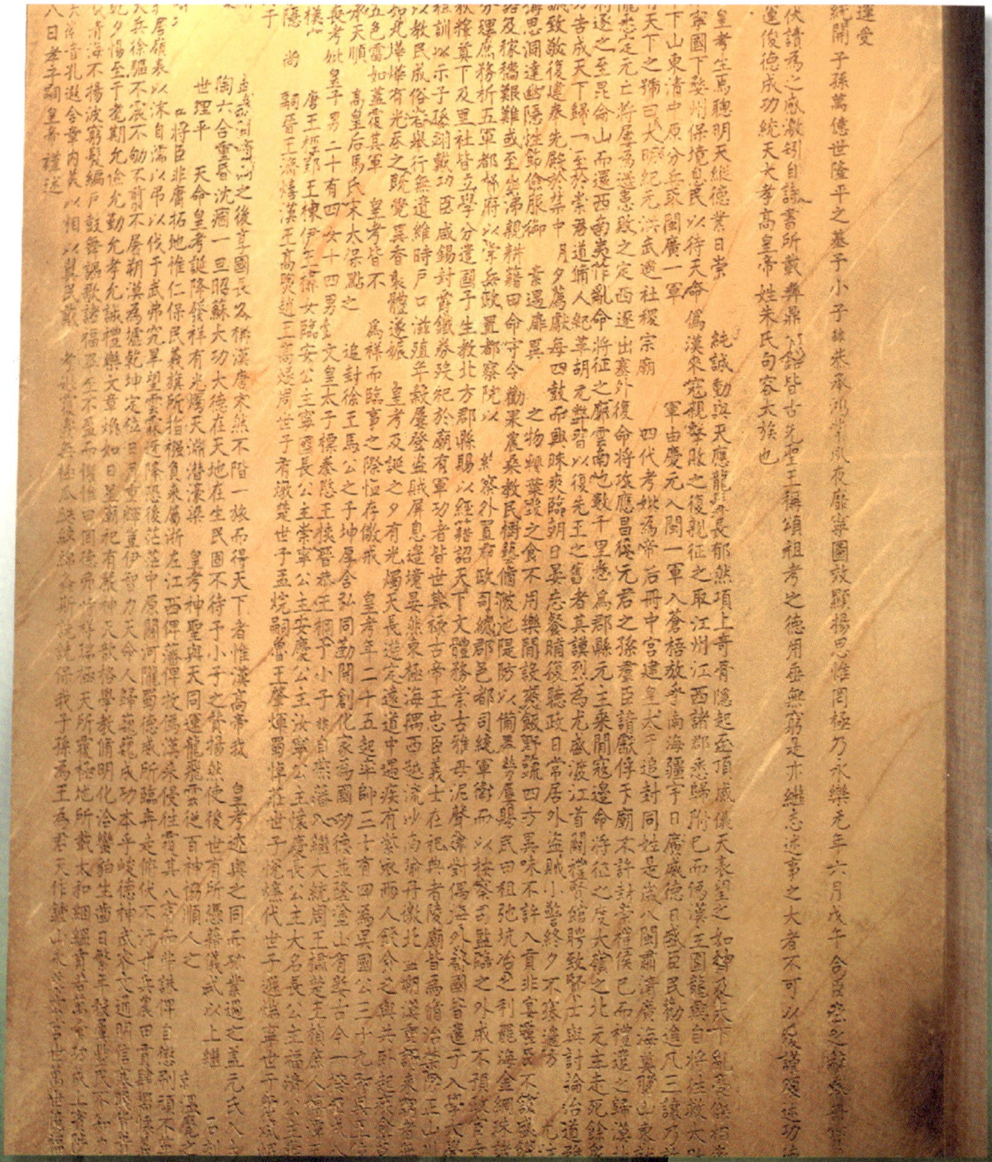

进士，也有可能从举人和五贡出身。做了官之后如果顾念资助之恩和乡谊之情，那么就有可能对商家有所回报。更何况很多考中进士又做了京官的同乡如果家底不太厚，考虑到京城消费的压力，往往就住在会馆里，为商家联络官员，提供了非常大的方便。既然会馆是商家联络官府的由头，商家当然不会把注意力仅仅投放在资助同乡考生和京官上，因此像样的会馆都设有戏楼。不仅省级会馆像湖广会馆、江西会馆的戏楼特别有名，连一些府县会馆，如洪洞会馆、平介会馆，也设有戏楼。

不仅演地方戏的戏楼成为名角和看戏的商家跟官宦出没的所在，地方菜系也随之进京。有吃的有看的有听的，到了看戏的时候，原来的地缘规矩就不存在了，沟通无极限。在广播影视等现代传播和娱乐形式出现之前，戏曲是社会上绝大多数人消闲娱乐的唯一渠道。这样一来，某些设施比较好，在看戏的同时可以摆宴招待客人的会馆，就成为商人联络官员的最佳场所。

二、借助政府
显权威

张鸣先生认为，如果说当初官绅会馆的肇始，是代表着同乡的利益和权势的话，那么商业会馆的建立，则是联络乡谊、聚会议事、沟通信息、维护同乡同行利益、公议现行、祭祀神灵、聚岁演戏及各种庆典、购置冢地、筹办善举的处所。会馆行规的制定，一般都要报经官府批准，然后以碑刻的形式公开告示，借助官府突显出行规的权威性。

安徽会馆自1871年建成后，由于有李鸿章等人的支持，有比较完善的规章制度，经费也较为充裕，所以馆务活动十分兴盛。故曾引起许多外省官绅们的钦羡和效法，一时各省在京建立会馆之风大起。然而，光绪十五年5月5日（1889年6月4日），由于西院邻居家不慎失火，延及馆舍，扑救不及，致使馆舍焚烧殆尽。李鸿章闻讯后，

◆湖南洪江古镇

即由津来声，目睹费他不少心力财力倡建的省馆几成一片焦土，心中着实惋惜。但他并不甘心，又与淮系将领倡议再捐银两，于是一呼百应，仅 3 个月的时间，就收到捐银 2.5 万余两。是年 8 月动工修建，次年 6 月全部竣工。其堂馆房舍修建及神龛匾对与各种用具等项，共用银 2 万余两，尚余 5000 余两存号生息。此次重修完工后，李鸿章再次来馆视察，看到依然是始建景象，心中高兴，挥毫写了一篇千余言的《重修安徽会馆记》。

会馆内部管理的维持，在于各会馆制定的行规能对手工业者和商人产生约束作用。行规的制定，一般都要报经官府批准，然后以碑刻的形式公开告示，借助官府突显出行规的权威性。如遇有违反行规内部无法处理，请求官府判决时，官府的判决也大多是以行规为依据，按行会的请求对违规者予以处罚，

小贴士

八省会馆——乾隆年间《巴县志》中，已记载有陕西会馆、江西会馆、江南会馆（涉及江苏、安徽）、湖广会馆（涉及湖南、湖北）、浙江会馆、福建会馆等六个省级会馆；光绪时张云轩绘制的《重庆府治全图》，又增加了广东公所和山西会馆，成为后来所说的"八省会馆"。

◆湖南洪江古镇

这样使行规进一步具有了法律效力。

如道光二十六年（1846），汪正兴、傅永顺、许义全告匠师熊立富不遵行规，将工资银两低折价钱。经八省客长在府庙公议，令熊立富按每钱一千合银六钱六分折合算给工钱。而熊立富不依八省判决，汪正兴便请县裁决，知县批复为："仍照八省协议定禀复，每钱一千合银六钱六分，定为钱价，以给工资。"从知县的判决可以看出，政府对八省会馆的地方管理给予的肯定。

会馆设立的目的在于加强同籍移民间的联系与互助，在一定的社会范围内获得必要的生存空间，建立有序的社会秩序。这与地方政府对社会稳定的期望相契合。对于地方政府来说，人口相对稳定的基层社会可通过乡约、宗族等社会组织来执行社会管理，而处于流动状态的工商群体必须采用新的管理模式。会馆恰好能较好地执行管理，因而能得到地方政府的扶持。然而我们发现政府对会馆的扶持没有像支持宗族组织那样大力宣扬，会馆是移民的产物，人口流动在促进社会发展的同时，隐含社会不稳定的因素，因而政府对会馆多采取控制加利用的手段。

会馆这种官商联络平台的存在，是明清之际的商人挖空心思创造的一种隐形的制度形式。

北洋时期，梁士诒等上层京官对在京广东会馆的重要事务有决定性影响，不仅人们给会馆的请托信函电报上指名向梁士诒等同乡京官求助，事实上梁士诒等也在与请托者的往来信函电报上署名或者批注自己的意见，可见梁士诒等对会馆事务之关注。梁士诒1894年中进士。1903年后为袁世凯所重用。先为天津北洋编书局总办，后荐为清政府邮传部。1907年任京汉、沪宁等5铁路提调和交通银行帮理，后又改任全国铁路总局局长。从这时开始，旧交通系逐渐产生和形成。到1911年，在清政府真正管理的6条铁路路线中，5条受此系控制。1912—1915年，旧交通系势力发展到顶

太子太傅文華殿大學士直隸總督一等肅毅伯李鴻章

峰。民国初年，财政总民、交通总长、内务总长等职务不断为旧交通系所担任。当时，梁士诒为总统府秘书长，被称为"梁财神"，他有"综握机要，左右袁氏，支配群僚"的政治办量。"凡入谒项城禀商事件者，辄口'问梁秘书去！'"，有梁士治等同乡京官为后盾，无疑会大大增加会馆的实力和面子，同时他们的意见在会馆中得到尊重。

张鸣先生认为这种制度形式格外清晰地表明，在传统的中国，官商两个群体之间存在着极大的不平衡。商人群体只有依附官府包括官员个人，才可能求生存和发展。而商人要靠自身的经济力量壮大，最终要通过市民运动的方式，染指政治权力的途径，在中国似乎根本没有市场，商人甚至不乐于做这个方面的尝试。他们更热衷于通过软性的贿赂方式，实现跟官府以及官员个人的结合。从某种意义上讲，商人群体的依附性得到了他们自身行为的高度强化。在近代中国，新生的"资本主义"只好一直萌芽下去，从来长不成树。现代工商业只有在清末到民国的一系列法律和制度变革中，才带来了自己的两个黄金发展期，成长为新一代的企业家群体。然而在清末崛起的一代企业家损失殆尽之后，令人想不到的是，第二茬企业家群体却重蹈会馆时代商人的覆辙，不能不令人感到悲哀。事实上腐败的官员并不是一个好的保护伞，基本上没有可靠性。而对公共物品的分享掠夺，官员往往占有更大份额，而且既不承担风险，也不付出成本并且还有在大事不妙的情况下存在反噬的可能。

昔日残留的会馆还在，有的会馆还重新修缮，再度开放，戏迷们依旧可以前去听戏。但是这些会馆留下的残墙剩瓦也许想不到时间过了这久，昔日的官商故事还在继续演绎着新的悲喜剧。

在中国历史上，因为战争迁徙、商品流通，丰饶博大的华夏版图上留存着几百条大大小小的古商道，或陆路，或水道，或茶路，或盐道，或兴盛，或荒芜。

千百年来涌动着几代人执着前行的光荣与梦想，记载着无数商旅行商悲欢荣辱的动人故事。行走在古道的人有许多或许无名无姓，但对美好生活的渴求和希冀，让他们异乡执手，同心相向，奔波的脚步似乎从来都不会停止。

徽杭古道早在唐代就已修成，全长25千米，是继"丝绸之路""茶马古道"之后第三条著名的古道，它是古时除水陆外连接徽州与杭州的重要通道，也是徽商寻找生机、远赴异乡求财经商的必经之路。作为十大商帮之一的徽商——又称"徽骆驼"，以其吃苦耐劳的顽强精神，经营小本生意贩运盐、茶、山货等，常年徒步奔波于这条古商道上。"江南第一关"作为徽杭古道的重要关隘见证了徽帮商旅的苦难行程，就在这条古道上，每隔5里就设一个茶亭，这既是供路人停脚歇息之处，更是因防止山上滚落飞石躲避藏身之所。也许古人更懂得求财寻梦路上生命的脆弱和家人的担忧吧！

"前世不修，生在徽州；十三四岁，往外一丢。"这首民谣是徽州商人最好最形象的写照。清代"红顶商人"胡雪岩就是在年少时从老家绩溪走出大山，穿越古道，闯进杭州的。也许那时的懵懂少年在与母亲惜别时充满着对未来的茫然无措，但几十年后，杭州城里的"胡庆余堂"和元宝街上的胡府豪宅则成为徽帮成功的重要标志，虽说胡雪岩晚年结局凄苦悲凉，成为官商游戏的牺牲品，但丝毫不能掩饰徽商敢闯世界、勤勉耐劳、耕读传家、族群同行的传统文化和创业精神。而这一切，徽杭古道成为奔波行走在这条商路上的商帮行旅最后的心路丈量。

我想在中国人的字典里很容易把商路迁徙、行走连缀在一起，像"下南洋""闯关东""走西口""填四川"等等，无论你是被迫还是情愿，商路即是心路，行走追逐梦想，故步自封、抱残守缺形同死亡。中华民族的伟大和强盛，就在于海纳百川、兼容并蓄的大交流、大融合。传统文化的一脉相传和生生不息，以及千百年来炎黄子孙顽强执着永不停歇的追日梦想……

千年的坚守
千年的凝望
千年的抗争
只是为了完成绿色希望
生命绝唱

近代商会的出现和发展，对传统行业组织是一个巨大冲击。随着商帮的兴衰沉浮，会馆组织慢慢隐入历史长河。商会是一种不分籍贯和行业的新兴工商业者的联合社团组织，最早出现于1599年的法国马赛，18世纪中叶以后，在英美等国相继设立和发展。在中国自设商会之前，外商已经在中国设立多家商会。早在道光十四年八月，英国商人在广州设立了英国商会，道光十六年改组成为洋商总商会。道光二十七年，外商在上海设立洋商总商会，同治十一年在香港也设立洋商总商会。

总之，近代商会的产生和发展，对传统商业行会的影响，特别是对会馆组织的冲击尤为巨大，最终导致中国传统商业格局发生彻底改变，传统的商业组织也随之迅速衰败和转型。

风云会馆

世事剧变如烟云
无可奈何花落去

一、世事剧变
物已非

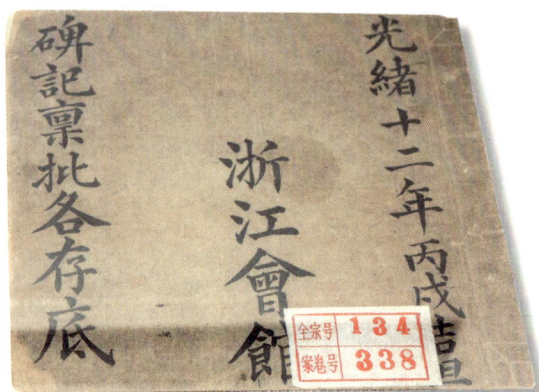

1874 年即清朝同治末年，辽宁工商界成立了"公议所"，这是我国最早的商会组织，而提到议事日程、开始建立商会是在 20 世纪初。1900 年即清朝光绪二十六年，盛宣怀任商务大臣，在上海修订对外商约时主张成立商会。他认为："中国商业之不振，大率由于商学不讲，商律不谙，商会不举"，主张要"广商学以植其材，联商会以通其气，定专律以维商事，兴农工以浚商源，效法西欧，振起商战"，其中"尤以创设商会为入手要端"。当然，盛宣怀的主张是有阶级性的，他以振兴商业而自治，维持清王朝的统治，因而得到慈禧太后的肯定。

1901 年，在盛宣怀的推动下，由袁树勋（江海关道）、严信厚（通商银行总董）

邀请各帮会董，集议和筹备设立商会事，拟订了暂时章程六条。1902年2月22日，上海商业会议公所正式成立。1903年，天津成立了商务公所。同年，杭州商会也成立（当时叫"商务总会"或其他名字待考）。1904年1月11日，商部专就劝办商会奏慈禧太后、光绪皇帝。

奏折大意是，西方国家重视商学，商人把经营贸易"视同身心性命之事，用能任重道远凌驾五洲"。日本的物产资源虽然比中国相差甚远，但商业蒸蒸日上，"亦颇足与欧美抗衡"。"纵览东西诸国，交通互市，殆莫不以商战角胜驯至富强。而揆厥由来，实皆得力于商会。""商会者，所以通商情保商利，有联络而无倾轧，有信义而无诈虞，各国之能孜孜讲求者，其商务之兴如操左券。"奏折在讲了"海禁大开"，"各国群趋争利，而华商势涣力微"的形势后，说"日当务之急，非设立商会不为功"。

因此，清政府迫于内忧外患实行新政，推行了一系列振兴工商的政策。为消除官商隔阂，商商联合，增强与外国资本竞争，鼓励工商业界筹设商会。光绪二十九年（1903）11月24日，新成立的商部奏定、发布《商会简明章程》26条，劝办商会。凡各省、各埠各行众商，公立有"商业公所"及"商务公会"等名目者，应即遵照现定部章，一律改为"商会"，以归划一，其未立会所之处，亦即体察商务繁简，酌筹举办。原来官立之保商各局，由各督抚酌量留撤；具有官方色彩的商业会议公所均改组为商会。光绪三十年

◆河南郏县山陕庙

（1904），上海商业会议公所正式改组为上海商务总会，这是中国的第一个正式商会。从该年开始，各省原有的商业会议公所相继改组为商会，新的商会也不断设立。从光绪三十年（1904）到宣统三年（1911），全国各省市共设立商会840所，其中商务总会53所，商务分会、分所787所，会员近20万人，其中入选商会上层会董也达到2万多人。清末商会和会员数量的基本状况详见下表。到宣统三年（1911），除西藏、蒙古外，商会已经覆盖全国各省，其中以四川、浙江、江苏三省最多，每省设立商会六七十所，合计约占到总量的1/10；之后依次为奉天、直隶、江西、河南、福建、广东、山西等省，每省设立商会四五十所；而京师、云南、贵州、新疆、甘肃、绥远、察哈尔等地的商会则不足十家，其中新疆、甘肃、绥远、察哈尔四地各只有两三家。

同时，商会章程还规定，嗣后商务日有振兴，商会亦因时推广，其南洋各商以及日本、美国各埠华商较多者，亦即一体酌立总会、分会。清廷通过派遣专使督办、驻外使领人员协调，相继将原来的华人商务局、华商公所进行改组，或者直接设立中华商会。从光绪三十二年（1906）到宣统三年（1911）先后在各国成立中华商会几十家。按照清廷发给关防及备案时间，在各国依次成立的中华商务总会有：新加坡、菲律宾小吕宋、南洋槟榔屿、日本长崎、爪哇泗水、爪哇梭罗、爪哇日惹埠、南洋合厘埠、缅甸仰光埠、南洋望加锡埠、爪哇渤良安、俄国海参崴、美国旧金山、南洋安班澜、南洋雪兰莪、南洋万里洞、南洋马来亚霹雳、南洋北婆罗洲北般岛、南洋苏门答腊把东、加拿大温哥华、加拿大维多利亚、爪哇士加巫眉、日本神户、日本大阪、南洋苏门答腊日丽、南洋苏门答腊巨港埠、日本横滨、俄国伯力、俄国双子城、泰国曼谷、南洋婆罗洲山口洋、爪哇多隆亚、墨西哥旅墨华侨总工会等。

商会章程规定，商会组织分为商务总会和分会两级，分会亦称分所、分局，凡属商务繁富之区，不论系会垣、系城埠，宜设立商务总会，而于商务稍次之地，设立分会。商务总会主要设立于省市或一些大城市，而分会则设立于县镇以至乡村。总会与分会虽为隶属关系，但"实质在联络，不在统辖"，分会、分所不必事事秉承总会，但须按季将商务情形列表报，由总会汇报商部查核。其应行提倡整顿各事，则就近与会董议妥办理，移知总会备案。商部下达分会公文，也须经总会转递。至关商务重要及紧急事宜，随时先行函电商部，一面移至总会。凡遇与官府交涉，内部无法决断的纠纷，以及发生的重大事情，均可向总会报告或咨询。商会的设立需要政府批准并给发印信，总会到商部报批，分会到各地总会报批，再由总会上呈商部备案，报批备案后方可开会。各地商会均需遵循商部所定章程，但因各处商情不同，各商会总理应就地与各会董议订章程，禀呈商部核定，以有裨商务，无背商部定章为标准。分会办事章程与总会相同，商会开办之始，先由地方官体察情形，借给公房一所，以资

办公，等到积有余款，再建造办公场所，并逐渐扩充，以臻完备。

商会领导层及成员主要分为总协理、议董、会员、会友几个层次。商务总会设总理1人，协理1人，分会设总理1人，由当地各会董齐集会议，公推熟悉商情、众望素孚者，禀请商部酌核，加以委用。

◆叶澄衷

◆卢洪昶

以1年为任满之期，先期3月仍由会董会议，或另行公推，或留请续任，议决后禀呈商部察夺。总理、协理，专司商务案牍，呈报商情及代商伸理各事，不可偏执专擅，专拂商情。各项商事，需邀同各会董议决，方可举办。议董也称会董、董事，由当地各商家公举为定，总会一般20至50人，分会10至30人，就商务之繁简，定人数多寡，举定1月后，各无异言者，即由总理将各会董情况禀明商部，以备稽查。董事任期结束后，或另行公选，或留请留任，也须禀呈商部察夺。就任会董应达到才、地、资、望四项标准：

在才品上，需要有手创商业，卓著成效，虽或因事曾经讼告，但于事理并无不合；在地位上，确系行号柜东或经理人，每年贸易往来为一方巨擘者；在资格上，于该处地方设肆经商已有5年，年届三旬者；在名望上，其人为各商推重居多数者。在总协理领导下，董事内部分工细密，坐办、庶务、会计、理案、书记、纠仪、翻译各司其职，处理日常事务。

商会会员分为名誉会员和一般会员，名誉会员为声望素孚，比较开明而又热心支持商会活动的社会贤达。一般会员即商会委

◆虞洽卿　　　　　◆俞佐庭　　　　　◆秦润卿　　　　　◆包玉刚

员，要求具备行业规矩、事理明白、在本地经商、年龄在24岁以上，同时交纳规定的会费。上海、苏州等商务总会规定，凡是一帮一行"年捐会费300两以上者得举会员1人，600两以上者2人，900两以上者3人"，个别工商户"年捐300两以上"，并关心社会公益事业，经公议认可，可成为商会"特别会员"，会员总数以70人左右为限。各商会的会员多为各行业、各商帮的商董，如会馆和公所的会首、董事，各行业的普通工商业者只能成为会友，但执业卑贱、欠债倒闭尚未清偿、与人涉讼未结案，或者患有疯癫疾病者不能入会。上海、苏州等商务总会要求会友年捐会费12两以上，江苏溧阳商务分会根据当地工商企业的大小，"按月三等缴费，一等20角，二等15角，三等10角"，凡遵会章缴费者，准予注册，发给牌照，"悬挂门首，表示入会之商"，享受商会保护。湖南商务总会要求所属商号，均须入会注册，注册费分三等，上等4串，中等2串，下等1串，而本小利微，不愿入会者，即照部章，悉听其便。有些商会不具体规定商家的注册费用，凡赞成入会者，即可成为会友，可根据自身财力情况酌量输助。

商会成立后，令商家先办注册，将商家名录分门别类，编列成册，以便总理、协理与各会董随时按籍稽考。商会成员均由选举产生，会员从会友中选充，议董从会员中选充，总协理则从议董中选任。各级选举遵循"依格选举，宁缺毋滥"的原则，并均采用"机密投筒法"，投票者不得自举，也不得写出某人所举，选举票在有全体会员参加的年会上当众拆封，同时宣布选举结果。会董若有徇私偏袒情况，致商人有所屈抑，准各商联名禀告商会，由总理邀集各董会议议决，即行开除。其情节较重，查系属实的，具禀商部，援例罚惩。如果总理、协理或他董有通同徇庇、纳贿、颠倒是非等情，准各商禀控到部查办，诬控者反坐。一般而言，总理及商会领导层各员如有不协众情者，会员、会友5人联名，即可要求公开集议，查有确据即撤换另举。

◆沈洪赉　　　　　◆严信厚

商会会议分为年会、常会和特别会议三种。年会每年正月举行，全体会员参加，主要总结一年的工作，推举新领导成员。常会每星期召开一次，由全体议董集议应予施行的各项事务。特别会议临时举行，如遇特殊紧要事件，十人以上联名要求即可召开。凡开议时，以总理为主席，出席会董必须过半数以上，否则不应开议。议事时不论人数若干，均允许人尽其言，从众议决。会议情况由书记登册，下次会议前将所议决登册当众宣读，若无不合，由主席签字作准。

　　商会也有严格的财经制度。凡收取款项，随时发给收条，由总理、协理及会计议董分别签字。支出款项若在百两以内，由总理、协理和议董公议后签字支发，超出这一额度则须全体会员讨论同意。每月收支结清后，会计议董交总理、协理和其他议董稽核签字。年终由全体会员公举两人查账，最后交总理、协理当众公布，并刊册报商部及分送会友。除会员的捐款外，商会的收入主要为注册费、凭据费和簿册费三项，注册费按照各业注册之实数，酌输毫厘，由各商面缴商会，并领取收条；凭据费按照注册凭据所载之实数及期限多寡，酌输毫厘，由执有凭据人面缴商会；簿册费则为各商号领取账簿时所缴纳的费用。商会成立后，为统一行号簿册，商部厘定账簿格式三种，即流水簿、收支月计簿、总清簿，颁行各商会，妥慎印行，各商会盖明图记，每季由会董发交各商家使用。流水簿照记每日出入各项；收支月计簿照记每月出入各项；总清簿照记全年来货之源，销货之数，往来存欠，开支数目，盈亏情况，为一行号之总册。商会的经费开支和用销情况，每到年底由总会开列四柱清册，报商部核查。所收公费存项以七成为商会公积，以一成为总理、协理及分会总理红奖，以二成为会董红奖。各分会按季将公积余款，交给总会，由总会汇存银行生息。公积款项主要用于购置房屋、添办日用器具以及有利于商务发展的各项公共事业。

　　商会的领导层和会员由选举产生，并且需要捐缴数量可观的会费，保证了各地商会的领导成员都具有很强的行业特点。同时，清末时期新型工业还不甚发达，各地商会的会员中也多以大商人占有绝对优势。在苏州，以纱缎业、绸缎业和典钱业最为兴盛，商会的领导层也由这行业的代表支配。苏州总商会从光绪三十一年（1905）成立到宣统三年（1911）共选举了6届会董119名，其中典业33人次，占总数的27.7%；钱业27人次，占22.7%；纱缎业19人次，占16%；绸缎业20人次，占16.8%，四业合计占会董总数的83.2%，其余依次为珠宝业、米业、茶业、酱业、烟业、苏经、苏纶纱厂、广货业，占15.1%，另有2人次执业不明，占1.7%。光绪三十一年（1905）的第二届天津商务总会中，包括总协理在内共有会董22名，其中仅有1人来自工业企业，其余21人分别为盐商、粮商、钱商、绸布商、金银珠宝商、进出口商和买办。光绪三十三年广州第三届商务总会中，包括总协理在内共有57名会董，总理张振勋为华侨实业家，另有5人分别来自砖瓦厂司事、轮船公司司事和报馆习理，其余51人分别是经营绸巾、粮食、质押、杂货、匹头、参茸、药材、烟丝、木材、水果、酒、生猪等商业的头面商人。汉口商会第一届至八届的总理、协理共16人，其中大商号号东11人，银行经理5人；会董239人，其中大商号号东117人，钱庄、银行、票号、当铺经理99人，洋行经理15人，工厂主8人。

此外，虽然各地的商会领导以及大多数会员为提高自己的

社会地位大都捐有各种品级的官衔或监贡功名，但除"名誉会员"外，均为工商业界的代表。

商会延续了会馆、公所调停商务纠纷的职能，但其范围更广、更为深化和规范。商会章程规定，凡商人不能申诉各事，商会总理、协理宜体察属实，于该地方衙门代为秉公申诉，如不得直，或权力有所不及，即禀告商部核办。华商之间的各种纠纷，可赴商会告知，总理定期邀集各董，秉公理论，从众公断，如果当事人不能折服，准其具禀地方官核办。华商与洋商之间的纠纷冲突，商会应令两边各举公正人 1 人，秉公处理，酌行剖断，如未能允洽，再由两边公正人合举众望所归者 1 人，从中裁判。如果地方官、领事等判断未尽公允，仍允许被屈人告知商会，代为申理。案情较重者，由总理禀呈商部，会同外务部办理。各商会成立伊始，就设有评议处、理案处，或由会董兼理，或专设评议、理案、中证议董，通过开会集议，调息纠纷。成都商务总会率先设立商务公断处，光绪三十三年（1907）改称商务裁判所，之后重庆商会、保定商务总会等相继设立商事公断处或裁判所作为商事仲裁的专职机构。若经商会调处裁决后而不执行者，商会将移请官衙协助强制执行。苏州商务总会自光绪三十一年（1905）1 月成立至次年 2 月，受理各业案件大约 70 起，其中顺利了结的占 70% 以上，迁延未结而移讼于官府的则不到 30%。该商会从成立之时至宣统三年（1911）8 月，共受理案件 393 起，这些案件均与商务有关，最多的是钱债纠纷案，即欠债、卷逃等，约占 70%；其次为行业争执、劳资纠纷、假冒牌号、房地产继承、官商摩擦、华洋商人纠葛等。其中有 55 起情节较为复杂的案件是先向官衙起诉，后又由官衙移转给商会调处，占到商会处理案件的 14%。

商会作为一个新型的社团组织，也参与了国家工商业法规的制定、诸多社会公共管理和政治事务。光绪三十一年（1905），上海总商会王明翁等人发起、号召抵制美货运动，该运动迅速从各通商口岸扩展到许多中小城市以及市镇，形成全国性的抵制运动，十几

风云会馆
世事剧变如烟云
无可奈何花落去

个省的大中小城镇和乡村各种集会达 300 多次。苏州商务总会成立后，积极参与筹划苏商体育会、市民公社等社团组织，维护地方治安、辅助地方自治、清洁街道、研究消防、进行赈灾和各种慈善活动。光绪三十三年（1907）10 月间，由上海总商会发起邀请，全国商会和海外华商商会在上海召开讨论商法草案大会。应邀出席的有 14 个省 17 个商务总会的代表 32 人，44 个县级商会代表 64 人，20 个镇级商务分会、公所代表 30 人，还有新加坡、印度尼西亚、马来西亚、日本、俄国 6 个华商商会代表 7 人，并收到未出席商会的意见书 34 份。会议讨论了商法草案的拟订程序、草案内容、修订商法经费，决议了各商会报举商法草案议员事宜、商法编订次第、商法草案禀部立案程序等问题，并对公司法、契约法、破产法、商行为法、票据法、海商法、保险法、工商登记法等商业法规草案进行了商讨。宣统元年（1909）12 月，海内外商会代表第二次齐集上海，讨论并通过了商法总则、公司法草案。许多商会还参与了清末的保路运动、筹还国债运动、国会请愿运动等，维护国家利益和自身利益。

济宁商会成立于清末。清光绪三十二年（1906）北京设商务总会，各省及中小城市设有分会。之后，派员来济宁劝导商人成立商会。光绪三十四年（1908）7 月，济宁县商会正式成立。新中国成立之前的历代政府，均不设商业管理机关，只有名目繁多的收税

◆河南郏县山陕庙

机关。如"货物税局"、"印花税局"、"营业税局"等等。

除此之外，还有多如牛毛的"捐"，摊派到各商户，使商户不堪承受。

商会是民间社团组织。商会的职责是代表会员（商户）应付官衙，接受分派的各种税捐、摊派伕役、款项；陈述商人的要求；调解商界间的纠纷；组织庙会集市等。商会所公举的头头，如会长、副会长、会董之类，必须是博学多才，善于应酬，又是商界巨子，本人所在商号必是殷实之大户，他们上通官府，在商界有一定的威望。济宁县商会成立后，会址在济宁城区黄家街。会董20人，会员130户。刘子玉、王慕周相继担任会长。年收支银币1000元。刘子玉、名汝岩，字子玉，世居济宁，系济宁"四大金刚"之一。"四大金刚"的代表人物是：刘子玉、王慕周、吕静之、刘韵樵。他们都拥有雄厚的资产，并各自经营多处不同类型的工商企业，控制着整个市场。在清末民初资本主义刚刚萌发的特殊历史条件下，他们各凭一套处世哲学，应付那种瞬息万变的环境，却能八面玲珑，青云直上，成为济宁市面上叱咤风云的头面人物。人们寓贬于褒给他们起了一个共同的绰号——"四大金刚"。1915年，商会改组。吕静之、李其庄、李芷生等人相继担任会长。1921年，"四大金刚"之一的刘韵樵担任了济宁商会会长。1928年，革命风暴席卷全国，北伐军进驻济宁，北洋军阀相继瓦解。济宁商界重由商民协会建立商会。会址在城区里塘子街，后迁至天津府街。先后任会长的有严逮生、袁绍光、王石斋等人。1938年1月，日军侵占济宁后，黄一寰、刘伯强、韩明轩、谭佐安曾任会长。黄一寰（会长），行一，人称黄大爷，是济宁盐公店外交。申棣园，行二，人称申二爷，是大纶、增基绸布店经理。孟乾生，行三，人称孟三爷，是乾记织布厂经理。严逮生，行四，人称严四爷，是振业火柴厂外交。刘伯强，行五，人称刘五爷，是老太和大药房经理。

1945 年 8 月，日本投降后，济宁商会会长由廖慕刘担任。1946 年 9 月国民党军重占济宁，杨子贞任商会会长。1948 年济宁第二次新中国成立后，由郝砚农主持商会会务。1950 年 1 月，由郝砚农向"济宁市工商业联合会"移交原商会的一切工作，人民政府已建立了商业管理机构，商会即解体。商会下设同业公会，据 1941 年 6 月新民会中央总会统计，济宁县商会下设同业公会 56 个。1950 年商会会务交市工商联后，设同业公会 37 个。新中国成立前，济宁商界各业都有为举办公益事项组织的社团，如金融业的青蚨社、粮行业的玄武社、药材业的三皇社、杂货业的仁里社、北果业的广益社、茶叶业的瑞芝社、绸缎业的昭文社、棉业的义和社、估衣业的观澜社、碎货业的集瑞社等。这些社团都由本业同仁自愿结合，公推主事人，除相聚联络议事外，并集资购买一些喜庆丧葬用物，专供本业同仁婚丧嫁娶时借用，有的还储备一定数额的互助基金，或投资买公用墓地。这些社团纯属民间的松散团体，清末民初同业公会建立后，由同业公会主持，直至 1948 年济宁第二次解放。

二、世事如水
东流去

资本主义列强通过不平等条约，攫取了大量的"条约权利"和低关税，以最少的成本向中国输入商品，并在中国建立起一整套产品推销网、原料收购网和金融控制网，逐步控制了中国市场。列强的经济侵略给中华民族带来了深重灾难，严重阻碍了中国社会经济的发展，是造成中国近代社会落后和贫困的重要原因之一。但在客观上，西方列强既是强盗，又是老师，用一种最残暴的方式给中国带来

了先进的西方文明。其中包括近代的科学技术、资本主义的生产方式和经营理念。于是，最早经受欧风美雨洗礼的"宁波帮"，在反抗的同时向"强盗老师"学习仿效，自己开厂办企业，大力提倡国货，用以抵制外国的经济掠夺，维护民族利益。他们相信，发展工商能够富国，富国就能御侮，富国就能兴邦。他们敢与外商试比高，"富贵不能淫，贫贱不能移"，百折不挠地建民族企业，千方百计地创国货名牌。而山陕、徽商等传统商帮很快衰落，其商业组织也随之发生急剧改变。

19世纪80年代，中国蚕丝业在国际市场上受到欧洲和日本蚕丝业的竞争。为进一步扩充自己的生丝业务，打破洋商垄断生丝市场，抑制洋商的

小贴士

"宁波帮"创办的民族企业，举其大者，有创造了许多近代中国印刷之最的商务印书馆；有我国第一家自纺、自织、自染、自印、自销的毛巾联合企业三友实业社；有中国第一家日用化工企业、产品击败日本货的中国化学工业社；有打破依赖外国原料加工西药的禁锢、产品走出国门屡获殊荣的民族"西药王国"五洲大药房；有打败瑞典、日本的火柴并且占据了大半个中国火柴市场、远销南洋各地的大中华火柴公司；有打破西方垄断、中国第一家也是最大的民族照明企业亚浦尔电器公司；有打破西方垄断、中国第一家制造氧气和乙炔的民族企业中国工业炼气公司；有打破西方垄断、在中国最早制造无线电通信设备与仪器仪表的民族企业大华科学仪器公司；等等。

227

盘剥掠夺，挽回华商权利，胡雪岩决定以自己的雄厚资金财力，囤积生丝，与洋商一决高下，保护中国丝商和蚕农的切身利益。

结果，得不到一斤半两生丝的洋商联合起来严密封锁国际市场，断绝胡雪岩生丝出口。由于长期积压，生丝变质，胡雪岩无奈之下，急于出手，却遭到以不平等条约作为后盾的外国丝商联合压价，结果亏损800万两白银。

随后，胡雪岩又想通过在上海炒地皮东山再起，未料中法战争爆发，法军即将在吴淞口登陆的谣言又甚嚣尘上，官民们纷纷卖房逃难，地价暴跌，胡雪岩投注的大量地皮顷刻化为乌有。国内局势动荡，人心惶惶，京沪杭的官民纷纷到钱庄提款准备逃难的盘费，在抢兑狂潮的冲击

风云茶馆 ⑨
世事剧变如烟云
无可奈何花落去

◆ 江苏扬州岭南会馆

◆福建福州随安会馆

◆白墙灰瓦　一抹江南春花

深宅大院　几声北国喧哗

一种语言　南腔北调说天下

张张面孔　东来西往走天涯

下，胡雪岩在各地的钱庄、典当铺纷纷倒闭。1885年，胡雪岩的得力靠山左宗棠病逝，清廷趁机追查胡雪岩在购买军火、代购洋债中克扣公款及收取回扣之事，下旨将其原籍及各省财产查封抵债。但没等到圣旨传到杭州，这位曾经叱咤一时的"红顶商人"便"雪化岩崩"，一代商界名流凄然离世。

　　胡雪岩的失败除了来自洋商的排挤之外，更多是清廷内部派系之争的打击。所谓树大招风，据传言胡雪岩帮助左宗棠完成西征大业，得罪了另一军政重臣李鸿章。所以在胡雪岩与洋商的竞争过程中，李

鸿章乘人之危，派亲信幕僚把持上海海关，设置各种障碍，让他库存的生丝无法外销；而李鸿章的另一心腹盛宣怀更是利用掌握的电讯大权让胡雪岩在商战中处于被动，并广泛散播其资金周转不灵的消息，煽起提款风潮，给了胡雪岩致命一击。

从王有龄到左宗棠，胡雪岩善于揣摩他人的心思，小心翼翼地走好每一步，费尽心机，可以说是一路顺风顺水，不但跨越了自己的竞争对手们，还为自己争得了政治筹码，终于步入庙堂之上。可他没有想到的是，自己纵横商海几十年，也有马失前蹄的时候；官场内的波诡云谲，并不是他一个商人所能掌控得了的，即使他富可敌国，翻手为云，覆手为雨，但终因自己不谙政界之道，在几个利益集团之间权衡失误，沦为政治斗争的牺牲品，最终钱财散尽，自己的一生功业付之东流。

作为近代极具代表性的一位商人，胡雪岩长袖善舞，牟取暴利，但也怀着一颗爱国之心，协助左宗棠兴办洋务事业、捍卫新疆主权，并以一颗仁厚之心，开办胡庆余堂，以图济世救人。他既扮演着买办角色，又是一位散发民族之光的悲剧英雄，而其骤盛倏衰的传奇命运无不折射出晚清官商合流的现象和在帝国主义、封建主义夹缝中挣扎求生的近代华商的两难境地，揭示了"商人荣枯，系于国运"的道理。

中国传统商业组织在传统商人团体不断衰落或转型的背景下，不断地瓦解、衰败或者被新式商会所代替。例如山西在河南等地的商业会馆，有很多直接被当地的商会组织接管，变为地方商会。所以，以会馆为代表的传统行会组织，在国内外商业格局急剧变化的条件下，特别是商路的改变和商品结构的变化，导致商帮团体格局出现变化，很多代表传统商业模式的商帮很快衰落下去。

再者，随着社会环境的变迁，很多商帮逐渐失去了昔日的繁华，走向了衰落。随之商帮会馆本身及其内部原有的道德基础、价值观念也发生了变化，以至于会馆无法正常运作。从晚清开始，会馆馆产被盗卖或侵吞会馆公款的事件经常发生，有的居住会馆的同乡人趁机拒不交纳房租。社会变乱也使同乡对捐资逐渐失去了兴趣，摊捐拖欠的现象也越来越多。这些都使得会馆原来有效的社会经济功能无法正常发挥，会馆最终走向了末路。

20世纪是一个大变革的年代，也是一个时事剧变的时代，不仅仅是商人，就是当时站在时代潮头的社会精英们，也往往被急剧变化的形势所困惑。传统商人及其行业组织在内忧外患的环境中艰难前行，不断被这个时代所吞噬。

导演札记
祈风九日山

为什么拍摄九日山？是因为对海上丝绸之路起点泉州古城的记录。不经意间在福建泉州西郊古丰洲金鸡古渡边的九日山上，从篆刻在摩崖石壁的近百幅珍贵石刻里，我们震惊地发现，这里才是中国历史上海上丝绸之路东端的起点，这里有一千七百年的历史文化底蕴，这里为我们打开了探寻了解中国古代海外交通史和商业发展史的重要窗口。

意大利旅行家马可·波罗在游记中说"元朝瓷器运销至全世界"，摩洛哥旅行家伊本·巴都在游记中说泉州是"世界上最大港之一"。而早在宋元时期泉州已是世界东方大港，享誉海外。那么，宋代时，泉州作为当时"世界第一"的贸易大港，进出泉州港的许多帆舶船队都是帆船远洋航行，靠海上信风驱动，夏天靠西南风进港，冬天凭东北风出港，所以为了"祈求神祇保佑海舶一路顺风"，每到海舶的往返季节，由泉州郡守或提举市舶的主要官员率领大家在昭惠庙举行祈求海顺风的仪典。仅两宋时期就延续了一百六十二年之久，现在九日山上有十三段祈风石刻就见证了当时泉州商业发展和交通繁忙的历史。

九日山、鸡鸣古渡、泉州古港，历史上的海外贸易，从唐五代兴起，宋元繁荣，明清隐退，无一不承载了中国海上交通商贸史的岁月记忆。因之兴起的中外文化融合交流，增进了中华民族与世界各国的友好往来，同时也把源远流长的中华文化传播海外。东亚地区的朝鲜半岛、日本及越南北部历史上都曾使用过汉字，流行佛教提倡儒学，学习中国典籍制度。其传统文化深深影响世界，促进了各民族的文化融合。随着文化的交流，很多泉州人借助贸易和历史变迁纷纷融入东南亚和世界各地，其海外华侨华人就有七百五十万。尤其是下南洋的福建籍移民在东南亚各国建有大量海外移民会馆公所，成为他们思念家乡亲人的"海外故乡"。

在九日山拍摄，我有幸结识了九日山文管所主任胡嘉其先生，老人对中国传统文化及泉州闽南文化的专业和精准让我们敬佩和感动。我想，也许古人和现代人在追求梦想的目标上并无太大差别，也许我们身上传承着祖先的文化基因。无论时代如何更迭，岁月如何变换，梦想在哪里，家就在哪里……

万里茶路起点
武夷山——茶山故土
东方传奇的神秘开始
中华文化传承他乡
一片树叶的故事
让世界品味中国

封建社会商品经济不发达，地方保护主义严重，加之政府的抑商政策，使得商业经营原有的风险性更大。商人背井离乡在全国各地进行商贸活动，因经营不当及其他原因导致破产倒闭者不计其数。为了避免同乡流离失所，漂泊异乡，会馆积极加以救助。对经营不善歇业者给予生活补助，并帮其改善经营，提供商业信息，以助再起。实在无法经营生计者给予路费遣返故里，不愿归故里者则帮助介绍工作。会馆的这种商业性和行业互助性特点明显，对当时商品经济的发展起到了不可替代的作用，对整个社会经济的发展起到巨大的协调作用，会馆这样的中间组织对我们当前市场经济的发展有很好的参考价值。

风云金媾

有心落花留残香
前人往事亦可追

风云金媾
10

一、行业组织 特点明

分布于全国各大商埠的会馆，一般都规模宏大，建造考究。其创建一般都经历了不同的发展阶段，并随着会馆功能的不断演变而日益华丽。可以从以下几个方面对会馆的特点进行总结。

第一，商业性浓厚。会馆创建之初就有大量商人参与其中，带有明显的商业性质和管理社会组织的性质。通过会馆商人彼此联结起来，互相提携，互相帮助，形成了一个纵横连接、网络贯通的地域性商业集团。

从会馆初创时的目的来看，主要是为行商提供住宿和信息、存放货物之用，类似于"同乡商人招待所"。明人沈德符也说："京师五方所聚，其乡各有会馆，为初至居停，相沿甚便。"可见，会馆最初是招待同乡商人食宿和存放货物的"客栈"，带有明显的商业性质。

后来，随着商业的发展，商人为维护既得利益，巩固已获得的商业阵地和某些行业的垄断地位，彼此联结起来，互相提携，互相帮助，形成了一个纵横连接、网络贯通的地域性商业集团，其表现形式就是商人会馆。

第二，地域性明显。会馆的组建以地域乡土关系或血缘关系为主，有时候相邻的几个地域的商人也会共建会馆，如山陕会馆、山陕甘会馆等。因此，地域性是会馆最基本的特点。清人徐珂在《清稗类钞》中认为"设馆舍以为联络乡谊之地，谓之会馆"。

地域会馆有时还兼具了行业性的色彩。因而，同乡和同业通常是相互吻合不能截然分开的，会馆中同乡未必同业，但同业必同乡。如山西平遥商人在北京组建会馆，由于其成员主要是经营颜料的，后来也就以颜料行会馆直接命名了。而河东会馆则是河东经营烟行的会馆等。这说明会馆实际上是地域性和行业性相统一的商人组织。

第三，建筑规模宏大。各地的会馆往往都是随着商帮实力的增强而不断扩大的，商业实力的增强直接反映到会馆建筑的规模和气派。很多会馆占地面积千亩，馆舍上百间。其间殿宇楼阁，雕梁画栋，庭院花木，交相辉映。

乾隆二十一年（1756），潞泽会馆《关帝庙新建碑文》记言："洛阳城外东南隅之关帝庙，建自潞泽商人崔万珍等，规模宏远，状貌巍峨，极翠飞鸟芽之奇观，穷丹楹刻桷之伟望，捐金输粟，取次成功。"

◆浙江新市古镇

241

◆浙江新市古镇

第四，社会管理职能突出。在重农抑商的中国古代，对于商业行为的政府约束是极为有限的，会馆通过制定行规业律，规范市场行为，维护市场的正常运作。此外会馆还行使着商务仲裁的作用，对不正当竞争的行为有惩戒的权利。

会馆不仅是联乡谊和祀神祇的聚会场，还是做义举和谋商务的公共建筑，甚至还是地方政府加强治安的辅助力量。这种提倡同舟共济的地域性会馆，随着其进一步发展，往往还超越了地缘的限制，不仅给旅外流寓和士子官宦提供生活上的帮助和感情上

的慰藉，而且还对外籍流寓给以帮困解难。

第五，集团所有制。会馆建筑资金也有由官僚士绅捐助，但创立资金的主要来源是同乡商人的摊派捐银。例如河南赊旗山陕会馆，乾隆四十七年（1782）《创建春秋楼碑记》镌有捐资商号423家，耗银7916.03两，行业有粮、粉、花、油、醋、枣、席、铁、瓷碗、琉璃、木、皮袄、衣、染、炮、杂货等。洛阳的山陕会馆，依旧式重新修整，"计赀凡二万五千有奇"。在该会馆院中有一块《捐款碑》，列有652家商号的捐资数额。这种集腋成裘的集资方式，把会馆与同乡商人的利益联系起来，也造就了会馆的商人集团所有制性质。

二、前事犹存 仍可鉴

经济的运行和发展总是在一定的社会制度结构中进行，而一定的经济阶段则与相应的经济组织制度相联系。明清时期，自然经济占绝对优势，传统商人在封建经济制度的压迫下艰难地维持着简单再生产。在这一时期，以会馆为代表的地缘性社会经济组织是社会工商业的主体和基本组织单位。它们以"联乡谊"、"报神恩"、"诚义举"为己任，活跃于中国以城镇集市为基点的市场网络之中，使处于封建制度包围之下的商品经济保持着有限的发展。在这里，

会馆组织发挥着它作为独立经营单位集合体的最基本功能，即"谋同乡之利益"，"维护同乡之信用"；对内的联结与合作，对外的协调与保护。根据王日根教授、李刚教授等会馆研究专家们的研究成果，可以概括为以下几点。

首先，会馆是在异地商人的社会组织。会馆均是由在异地的同籍商人共议后自筹经费所建立。如在北京的山西盂县会馆，是该县经营氆氇商人共议建立的组织。氆氇是藏族民间手工制作的一种羊毛织品，可做衣服、坐垫、挂毡之类。又经同仁共议，定出兴建会馆集资办法，即每售一匹氆氇的交一锭银子，经过九年的积累，到嘉庆二年（1797），终于购置一处民房，经修葺，成为最初的盂县会馆。汉口的山陕会馆，最初为关帝庙，始于顺治年间。康熙二十二年（1683），又在关帝庙的基础上正式创立了山陕会馆。咸丰时因遭兵燹毁坏，同治九年（1870）重修。从这次重修费用的筹集，可知会馆的建立完全是商人自行组合。

其次，会馆的建立必须向官府申请立案，表现了会馆对封建政府的依附性。再次，如前所述，由于会馆参与地方社会事务的管理，表现了商人与官府的相互依存关系。复次，政府对会馆纠纷予以调解，如承认会馆财产等，以维护会馆利益。由上可见，会馆是在

◆安徽西递古镇

247

中国传统社会变迁中，既保存旧的传统又容纳社会变迁，含有行业性质的封建商人社会组织。

会馆的社会价值，可以归纳为如下两点：第一，体现与传播了地域文化。会馆的建立，使地域文化得以与别的地域文化进行交流，产生一种新的地域文化。例如，琉璃瓦是山西的传统产品，在山西的一些庙宇建筑物中经常使用，形成独特的建筑风格。在河南的山陕会馆建筑物正殿、配殿中均使用这种琉璃瓦来覆盖屋顶，使这一会馆的建筑同时具有晋豫风格。又如，在会馆中多建有戏台，逢时过节均要在此演出家乡戏剧，这种活动不仅对当地戏剧文化产生一定影响，而且使本地戏剧得以吸取异地戏剧文化，这种交流促进了两地戏剧文化的发展。再如，晋商会馆崇奉和祭祀关羽，在晋商会馆的影响下，其他省的会馆也

逐渐崇奉关羽，从而推动了关公文化的发展。

第二，会馆推动了商人在彼此交流中走向融合。如山西商人与陕西商人，他们共同在各商埠建立了许多山陕会馆，形成了山陕商联盟，被人们统称"西商"。有时还有别的地方商人加入山陕联盟，如开封的山陕会馆，在光绪年间又有甘肃商人加入，最后形成山陕甘会馆。在四川灌县，先后有山陕、湖广、广东、四川、贵州、江西、福建等七座会馆，这些会馆之间经常进行交流、协调，在一些活动中配合行动，人们便把上述会馆统称"七省会馆"。重庆的八省会馆，有山西、陕西、广东、浙江、福建、湖广、江西、江南等，后来八省会馆共举年首，协调八省会馆之间的关系，并订立了协议，其内容主要为：一是共同确定与修改帮规；二是各帮新提议，须经八省年首同意；三是帮会内发生争执，应由各省会馆内年首协调解决。可见，会馆在某种程度上促使各帮商人在彼此交流中走向融合。

但是，尽管会馆在扶持商人发展商品经济方面起了一定的积极作用，但它毕竟属于发育程度较低的旧式社团。它在内部机构设置、权力区分诸方面都不够明确，封建性、

排他性较强，具体表现在以下方面：首先，会馆组织和封建迷信结合在一起。每一个会馆组织，不但是工商业者开会议事的场所，而且也是工商业者共同祭神的地方。这种封建性的会馆组织和迷信崇拜结合在一起，充分显示了其落后性。其次，会馆组织不仅限于严格排挤外乡外行人，即在同乡、同行当中，也往往因地而异各自组织会馆。例如山西襄陵在北京的商人，汾河以东的集中在临襄会馆，而汾河以西的商人则集中在襄陵公所。这种以狭隘的地方观念来划分势力范围互相排斥抵制的现象，亦显示了会馆的封建性。再者，从会馆发挥的社会功能来看，会馆举办周济贫病、养生送死等福利事业，占有很大比重。每一个会馆组织每年都拿出一部分经费，作为无依无靠的贫苦同乡的补助费用。每一个会馆组织都设有一处或多处的义园，作为同乡死后停灵埋葬之用。这种福利保障事业，在某些会馆组织内部，有时竟达到了喧宾夺主的地位。

最后，会馆作为民间自发的社会组织，能有效地执行上述社会、经济职能，是由会馆与封建政府两方面的因素决定的。从会馆本身而言，会馆的建立者们都把建立健康有序的社会状态作为自己的追求，他们一方面为自己的经济政治活动提供良好条件，另一方面又迎合了政府对社会稳定的愿望。从封建政府看，传统的封建体制适用于管理安土重迁、户籍严明、士农工商各安其业的社会格局，对于县以下的基层社会则通过乡党乡族等势力执行管理功能。而对于流动着的并带有经济性行为的商人群体，固有的社会管理体制就显得束手无策，封建政府就不得不绞尽脑汁来寻求对其施以管理控制的新途径。因而，会馆成为封建政府的首选，发挥了管理社会、经济的职能。鉴于这一情况，封建政府对会馆几乎采取了无为的策略。

但是，商帮发展到后期，随着社会环境的变更，面对繁重的财政压力以及王朝更迭，清政府认为继续保持无为的策略并不能为其带来既得利益，便随之改变了其行为策略，直接介入会馆模式中，使得很多会馆的自我实施机制发生转变，呈现无效状态，进而导致会馆的功能无法实现。

透过各地现存着的斑驳的会馆遗址，我们一方面感叹前辈们历史的创造力，另一方面又深刻感受到加强对商帮会馆的研究，抢救和保存历史文化资料，为各地的旅游景点建设服务，是现实发展对社会科学工作者提出的重要任务。

草原不是天堂，是游牧民族祖辈栖息的心灵净地，故土家园。是吟唱美丽富饶、宁静、安详的一曲长调，唱不完，歌不尽。

我喜欢大草原，那是儿时心驰神往的地方，纯净、美丽、辽阔、悠远。时常梦想大草原，在放歌《鸿燕》中得到宣泄和释放，期许再次身临其境去感悟去发现。直到 2011 年 8 月摄制组从山西太原出发星月兼程，奔波一千三百余公里，走进草原深处——内蒙古自治区锡林郭勒盟西乌珠穆沁旗，人们称之"天堂草原"。

来到锡林郭勒盟西乌珠穆沁旗是为了拍摄纪录片中退居蒙古故地的"北元"政权与新生的大明王朝争疆拓土、殊死战斗的外景镜头。1368 年 7 月 27 日，元顺帝仓皇逃离元大都——北京。自此，在几十年的逃亡与追捕拉锯战中，元明王朝争斗不断，消耗巨大，局势陷于僵局。战争带来破坏，同时也孕育新生，美丽的草原地阔人稀、牛肥羊美，但因战争缺失粮草，生活物质和必需品的供给，成为决定胜负的关键因素。于是，地处九边中段的山西人开始成群结队，拖家带口"走西口"。商机的出现和追求利润的本性使得大批农民自发成为移民、商民，他们携带货款物资，长途奔走，在游牧民族地区，以物易物谋取利益。特别是明初推行的"开中法"催生了一个商业集团的形成，山西、陕西商帮应运而生。

结束"天堂草原"的拍摄，剧组又星夜兼程赶到正蓝旗的元上都遗址，极目远眺、步随心动，浩广城郭与满目疮痍。惊异、忧思、感伤，它与远在千里之外的元大都北京遥遥相望，似乎在讲述着几百年前元朝先祖的丰功伟绩，金戈铁马、破土开疆。只是历史却以它恒久不变的包容和冷寂，把一切都归于平静。而今，斯人已去，任凭后人论短长；喧哗不再，唯留空名弃他乡；错矣？对矣？风轻云淡，鸟语花香……

[1] 东京大学东洋文化研究所. 正乙祠会议条规. 北京工商同业公会资料集, 第1册.

[2] 东方杂志. 第1卷.

[3] 上海工商联. 光绪三十年五月上海商务总会试办章程七十三条. 上海商会史料, 第1册.

[4] 清末海外华商设立商会史料续编. 历史档案, 1997（2）.

[5] 申报.

[6] 中国文物小丛书——社旗山陕会馆. 北京: 文物出版社, 1999.

[7] 北京市档案馆. 北京会馆档案史料. 北京: 北京出版社, 1997.

[8] 丁进军. 清末海外华商设立商会史料. 历史档案, 1995（1）.

[9] 窦季良. 同乡组织之研究. 南京: 正中书局, 1946.

[10] 范金民. 明清江南商业的发展. 南京: 南京大学出版社, 1998.

[11] 韩晓莉. 新旧之间: 近代山西的商会与行会. 山西大学学报, 2005（1）.

[12] 何炳棣. 中国会馆史论. 1966.

[13] 李波. 论社旗山陕会馆的石雕艺术特征及其文化内涵. 电影评介, 2007.

[14] 李刚, 宋伦. 论明清工商会馆在整合市场秩序中的作用. 南洋问题研究, 2002（1）.

[15] 刘建生, 刘鹏生, 李东. 回望晋商. 太原: 山西经济出版社, 2008.

[16] 刘建生, 燕红忠, 石涛. 晋商信用制度及其变迁研究. 太原: 山西经济出版社, 2009.

[17] 刘建生, 刘鹏生, 等. 晋商研究. 太原: 山西经济出版社, 2007.

[18] 刘建生，燕红忠，张喜琴. 明清晋商与徽商之比较研究. 太原：山西经济出版社，2010.

[19] 吕作燮. 明清时期苏州会馆和公所. 中国社会经济史研究，1984（2）.

[20] 〔民国〕灌县县志，卷十六.

[21] 〔民国〕龙岩县志，卷十七.

[22] 〔民国〕芜湖县志，卷十三.

[23] 〔民国〕夏口县志.

[24] 彭泽益. 中国工商行会史料集. 北京：中华书局，1995.

[25] 全汉升. 中国行会制度史. 天津：百花文艺出版社，2007.

[26] 赊旗镇重建山陕会馆. 公议杂货行规碑记. 存于河南赊旗山陕会馆.

[27] 苏州市档案馆藏. 苏州商会档案. 第10卷.

[28] 天津档案馆藏. 天津商会档案. 第307卷.

[29] 〔同治〕潮州汀龙会馆志.

[30] 王日根. 乡土之链——明清会馆与社会变迁. 天津：天津人民出版社，1996.

[31] 王日根. 中国会馆史. 北京：东方出版中心，2007.

[32] 吴慧. 会馆、公所、行会：清代商人组织演变述要. 中国经济史研究，1999（3）.

[33] 张鸣. 在历史的下降线行走. 北京：现代出版社，2010.

[34] 章开沅，马敏，肖芃，等. 苏州商会档案丛编. 武汉：华中师范大学出版社，1991.

[35] 庄国土. 论清末海外中华总商会的设立. 南洋问题研究，1989（3）.

[36] 杜春和. 安徽史学. 1995（1）.

自明代以来中国商品经济发展到一个新的水平，交易规模、经营品类、经营区域、交易方式、商人主体等均出现新的特点，传统商业组织也发展到一个新的阶段。以会馆、公所为代表的组织分行业或地域在海内外次第涌现，对促进商品经济的健康有序发展起到了巨大作用。特别是在商法制度缺失，商业主体没有独立和完善的法人地位的情况下，会馆对维护商人利益，协调商业纠纷，保障流通经营等方面发挥了积极作用。然而，事物总有其发展的兴衰规律，随着世事变迁，特别是在近代化浪潮的冲击下，在内乱和外患的双重打击下，传统商业组织面临两个抉择，或者墨守成规被历史淘汰，或者适时转型，转变为新的商业组织。然而，传统商业组织的演变历程及社会经济功能，对我们发展中国特色社会主义市场经济，尤其是培育和完善行业组织方面仍有很多可借鉴之处。

本书在各位专家学者研究的基础上，借鉴学者们的前期研究成果，对会馆的发展做了梳理，力争以较为通俗的语言，结合相关史料和记载，向关注会馆现象的读者介绍其演变的历史概貌。由于体例的要求和限制，在文中没有将所有的参考和引用部分做出更加明确的标注，在此向有关作者表示歉意，同时对学者们的研究表示钦佩和感谢。

本书缘起大型文化纪录片《风云会馆》，其中很多珍贵影像资料及衍生品的不断出现，更源于我们对中华传统文化的自觉和敬仰，对民族精神和复兴梦想的寻找和开掘。在这里要感谢出品人段金中先生，是他的远见卓识和对中华传统文化的热爱与担当成就了该片；感谢为该片提供重要历史文献支持的历史文化学者王日根先生，他的哲人智慧和古道热肠为本书留下浓重墨笔；感谢在该片拍摄中鼎力支持的武警四川总队宋政委及武警某部李春林师长等同仁朋友，从他们身上传递出传统文化美德和友情的珍贵；山西经济出版社副总编辑董利斌先生和编辑郭正卿女士为本书的顺利出版做了大量辛苦的工作。最要感谢的是出品方山西省委宣传部、外宣办，及山西广播电视台的相关领导，是他们高屋建瓴全情支持，并努力协调各省、市宣传部门，才使该片得以顺利完成，全国各地会馆、博物馆、方志馆等也为我们提供了许多支持。在编写过程中，山西大学晋商学研究所研究生在资料搜集和文字整理等方面做了大量工作，在此一并表示深深的谢意。

中国十大商帮在神州大地活动的地理区间和时间跨度非常之大，我们想要以会馆为主线梳理传统商业文化，并结集出版，难度之大可想而知。我们怀着崇敬古人之心、对历史负责任的态度，虽然投入巨大的精力，但难免仍有遗漏和错讹之处。望各位专家和社会同仁批评指正，并给予宝贵的修改建议。

笔　者

2014 年 7 月

康定，歌的源头故里。

塔公，白云梵音相伴。

跑马溜溜的山上，永远的追梦人……

夕阳，不是最后的告别，
只是回望家园留住记忆。
记住我们的根如小麦颜色，
怀揣收获的感动，
执着行走，生生不息。

图书在版编目（CIP）数据

风云会馆 / 刘成虎，林平编著 . —太原：山西经济出版社，2014.10

ISBN 978-7-80767-834-2

Ⅰ . ①风… Ⅱ . ①刘… ②林… Ⅲ . ①商业会馆—介绍—中国 Ⅳ . ①F729

中国版本图书馆CIP数据核字（2014）第243564号

风云会馆

编　　著：	刘成虎　林　平
出 版 人：	孙志勇
策　　划：	董利斌
责任编辑：	郭正卿
复　　审：	任　冰
终　　审：	董利斌
装帧设计：	华胜文化
出 版 者：	山西出版传媒集团·山西经济出版社
地　　址：	太原市建设南路21号
邮　　编：	030012
电　　话：	0351-4922133（发行中心）
	0351-4922085（综合办）
E—mail：	scb@sxjjcb.com（市场部）
	zbs@sxjjcb.com（总编室）
网　　址：	www.sxjjcb.com
经 销 者：	山西出版传媒集团·山西经济出版社
承 印 者：	山西天辰图文有限公司
开　　本：	787mm×1092mm　1/16
印　　张：	17.25
字　　数：	290千字
版　　次：	2014年11月　第1版
印　　次：	2014年11月　第1次印刷
书　　号：	ISBN 978-7-80767-834-2
定　　价：	68.00元